KB179055

마키아벨리가 들려주는
군주론 이야기

마키아벨리가 들려주는
군주론 이야기

ⓒ 신복룡, 2008

초판 1쇄 발행일 2008년 12월 13일
초판 12쇄 발행일 2024년 3월 1일

지은이   신복룡
그림   최은화
펴낸이   정은영

펴낸곳   (주)자음과모음
출판등록   2001년 11월 28일 제2001-000259호
주소   10881 경기도 파주시 회동길 325-20
전화   편집부 (02)324-2347 경영지원부 (02)325-6047
팩스   편집부 (02)324-2348 경영지원부 (02)2648-1311
e-mail   jamoteen@jamobook.com

ISBN 978-89-544-0834-9 (64100)

마키아벨리가 들려주는
군주론 이야기

신복룡 지음

㈜자음과모음

책머리에

　정치를 하는 이유는 무엇일까요? 사회의 정의를 위해서일까요? 조국을 통일하기 위해서일까요? 혹은 우리나라를 잘 사는 나라로 만들기 위해서일까요?

　정치인들은 여러 고결한 가치를 이유로 내세울 수 있겠지요. 하지만 입신양명이나 개인적 영달을 위해 정치를 하겠다고 말하는 사람은 없을 것입니다. 정치의 목적이 이토록 거창하게 여겨지다 보니 정치의 본질도 늘 고결한 것으로 여겨져 왔습니다.

　고대사회에서 정치학은 윤리학의 한 부분이었습니다. 아리스토텔레스가 윤리학으로부터 정치학을 분리한 이후에도 정치학은 여전히 엄숙주의에 빠져 있었지요. 정치학은 주로 가치, 이상, 조국, 역사, 자유 등의 형이상학적 주제를 다뤘기 때문입니다.

　이런 정치학의 근엄함 때문에 정치적 목적을 이루는 수단도 도덕적인 것이어야 한다고 여겨졌습니다. 도덕에서 돈, 살인, 속임수, 거짓말,

배신 등 금기시되는 것들은 정치인 역시 반드시 피해야 할 사항이었습니다.

이런 관습 속에 목표를 위해서는 정치 수단이 용납되어야 한다고 주장하는 학자가 나타났는데, 그가 바로 마키아벨리입니다. 마키아벨리가 15세기의 인물이라는 점을 고려할 때, 사람들이 정치의 속내를 드러내기까지 긴 시간이 걸렸다고 볼 수 있습니다. 그만큼 정치인이 정직하지 못했다고 말할 수 있습니다.

이런 점에서 마키아벨리는 용기 있는 사람이었습니다. 그의 책이 출간되자 곧 금서가 되었다는 사실은 당시 그의 주장이 얼마나 급진적이었는가를 보여 주는 일화입니다. 마키아벨리가 《군주론》을 낸 이후 정치학은 큰 변화를 겪게 됩니다.

주인공 동호가 만난 마키아벨리는 어떤 사람이었을까요? 마키아벨리와 함께 16세기 이탈리아로 여행을 떠나 봅시다.

2008년 11월

신복룡

C O N T E N T S

프롤로그

　동호는 창밖을 보고 있었어요. 아무도 없는 운동장에는 잠자리 떼가 날아다니고 있었어요. 동호는 날개를 갖고 싶었어요. 날개가 있다면 넓은 운동장을 가로질러 교문을 넘어서 어디론가 갈 수 있을 텐데요.

　'그런데, 어디로 가지?'

　동호는 자신에게 물었어요. 누군가 '어디로 가고 싶니?' 하고 물으면 아무 대답도 할 수 없을 거예요. 정말 동호는 어디로 가고 싶은 걸까요?

　'교실만 벗어나면 좋겠어.'

　동호는 결국 이렇게 결론을 내렸어요.

　수업 시간 내내 교실은 쥐 죽은 듯이 조용했어요. 떠드는 아이는 한 명도 없었죠. 동호네 반 선생님은 무섭기로 유명한 '호랑이 선생님' 이거든요. 선생님은 반 아이들이 떠드는 것을 굉장히 싫어해요. 쉬는 시간에도 떠들어서는 안 된다고 하는 분이죠. 그래서 조금만 시끄러워도 크게 야단을 쳐요. 그러니 아이들이 조용히 있을 수밖에요. 지금도 선생님은 화가 난 채로 말하고 있어요. 수업 내용이 동호의 귀에 전혀 들어오지 않아요.

동호는 다시 운동장 쪽으로 고개를 돌렸어요. 선생님에게 들키지 않을 정도로 살짝만 말이죠. 동호는 교문 안으로 한 사람이 들어서는 걸 보았어요. 멀리 있어서 누구인지 알 수는 없었지만 옷차림이 낯선 사람이에요. 처음에는 굉장히 긴 치마를 입은 것처럼 보였어요. 그런데 자세히 보니 망토를 두르고 있었어요.

'여자야? 남자야?'

동호는 고개를 갸웃거렸어요. 머리카락이 어깨까지 닿아 있었거든요. 고개를 내밀어 좀 더 자세히 보고 싶었지만 선생님께 야단을 맞을 것 같아 그렇게 하지 못했어요.

그 때였어요. 갑자기 크고 둔탁한 소리가 들렸어요. 깜짝 놀란 동호는 앞을 쳐다봤어요. 선생님이 막대기로 교탁을 내리쳤나 봐요. 막대기가 교탁에서 파르르 떨고 있었어요.

"금방 웃은 녀석 나와!"

세상에! 누굴까요? 선생님이 수업하는 중에 웃다니……. 선생님이 화를 내면 진짜 무섭다는 걸 모르는 아이는 없을 텐데요.

"안 나와?"

선생님이 버럭 고함을 질렀이요. 그러자 두 번째 분단 뒤에 앉아 있던 수현이가 잔뜩 겁먹은 표정으로 교탁 앞으로 나갔어요.

"수업 중에 감히 웃어? 누가 웃으라고 가르쳤어? 네 부모님이 수업 중에 웃으라고 가르쳤어?"

수현이는 파랗게 질려서 잘못했다고 빌었어요. 하지만 선생님은 화를 누그러뜨릴 생각이 전혀 없나 봐요. 들고 있는 막대기로 수현이의 얼굴을 가리키며 계속 야단을 치고 있어요.

동호는 수현이가 불쌍했어요. 수업 시간에 웃은 일이 저렇게 심한 야단을 맞을 잘못은 아니라고 생각했어요. 그리고 아무 말도 못 하고 앉아 있기만 한 자신이 비겁하게 생각되었어요.

'용기가 없는 게 아니야. 선생님에게 대드는 건 옳지 않아.'

동호는 그렇게 생각하며 자신을 위로했어요.

'하지만 부모님을 운운하는 것 역시 옳은 일이 아니야. 옳지 않은 건 옳지 않다고 말해야 하는 거 아니야?'

동호는 다시 자책을 했죠. 그 때였어요. 운동장에서 누군가 말하는 소리가 들려왔어요.

"영명한 군주를 기다리네."

동호는 깜짝 놀라 창밖으로 몸을 반쯤 내밀고 아래를 내려다봤어요.

긴 망토를 걸친 남자가 누군가에게 말하고 있는 모습이 보였어요. 누구인지 모르지만 목소리가 참 좋았어요.

"김동호!"

선생님이 자신의 이름을 불렀지만 동호는 듣지 못했어요. 짝이 옆에서 옷깃을 잡아끌어서야 상황이 파악되었죠. 교실에 있는 모든 아이들이 불안한 눈길로 동호를 쳐다보고 있었어요. 선생님은 동호를 무섭게 노려보고 있었습니다.

선생님이 손가락을 까딱했어요. 그건 선생님 앞으로 나오라는 표시예요. 동호는 주춤주춤 일어서며 다시 운동장으로 눈길을 돌렸어요. 방금 전까지 서 있던 남자는 어디론가 사라지고 아무것도 보이지 않았어요.

"빨리 나와!"

선생님의 무서운 목소리를 들으며 동호는 교탁 앞으로 걸어갔어요.

현실과 환상

 마키아벨리는 우리가 해야 할 일을 말한 것이 아니라 우리가
하고 있는 일을 말한 것이다.

— 프란시스 베이컨

1 컴퓨터 화면에 나타난 사람

동호는 시무룩한 표정을 지으며 집으로 돌아왔어요. 선생님께 꾸지람을 많이 들었거든요. 죄송하다는 말 한마디만 했어도 '부모님이 어떻게 가르쳤기에 그 모양이니?' 와 같은 소리는 듣지 않았을 거예요. 그런데 동호는 죄송하다고 말하기가 정말 싫었어요. 선생님은 동호에게 아무것도 묻지 않았거든요. '왜 수업 시간에 창밖을 쳐다봤니?' 이렇게 물어봤더라면 좋았을 텐데요. 그러면 동호는 왜 그런 행동을 했는지 설명하고 죄송하다고 했을 거예요.

"다녀왔습니다."

집에 도착한 동호는 부엌에 있는 엄마에게 인사를 하고 방으로 들어갔어요. 엄마 얼굴을 보면 울음이 터질 것 같았어요. 선생님에게 야단을 맞은 것도 억울했지만 그보다 앞으로 반년 동안 이렇게 학교 생활을 해야 한다는 생각에 더 우울했어요.

작년 담임선생님은 지금 선생님처럼 무서운 분이 아니었어요. 학생들이 무슨 생각을 하는지 늘 알고 싶어 하였죠. 그래서 아이들에게 질문도 많이 하고 좋은 말도 많이 해 주었어요. 교실에서 떠들어도 선생님은 웃고 넘어간 경우가 많았어요. 아이들이 수업 시간 내내 조용히 있기란 무척 힘들다는 걸 이해했거든요. 동호는 작년 담임선생님이 그리웠어요.

동호는 침대에 누워 눈을 감았어요.

"난 정말 생각이 너무 많아."

혼자 중얼거리며 한숨을 내쉬었어요. 아무 생각이 없으면 더 편하게 지낼 수 있을까요?

그 때 또 이상한 일이 일어났어요. 한 번도 들어 본 적 없는 목소리가 들려왔어요.

"실망이군, 마키아벨리. 자네는 공화제를 원하지 않았나? 그런

데도 군주를 기다린다니."

동호는 벌떡 일어났어요. 그리고 주위를 둘러봤어요. 방에는 동호 외에 아무도 없었어요.

도대체 누구의 목소리일까요? 더군다나 군주는 뭐고 공화제는 뭘까요? 동호는 무슨 말인지 알 수가 없었어요. 그래서 얼른 가방에서 노트를 꺼내 방금 들었던 말을 적었어요. 적어 두지 않으면 잊어버릴 것 같았거든요.

동호는 책상 앞에 앉아 컴퓨터를 켰어요. 부팅이 되는 시간이 오래 걸려서 답답했어요. 그러는 동안에도 또 말소리가 들릴까 봐 귀를 쫑긋 세우고 집중하고 있었어요. 하지만 막상 들으려고 하니 아무 소리도 나지 않았어요.

동호는 인터넷 화면을 열었어요. 그리고 검색창에 '군주'를 입력했어요.

군주 : 세습적으로 나라를 다스리는 최고의 위치에 있는 사람

아주 간단한 설명이 나왔어요. 세습적으로 나라를 다스린다니? 세습적? 동호는 '세습'이란 단어도 검색해 봤어요.

세습 : 한 집안의 재산이나 신분, 직업 따위를 그 자손들이 대대로
물려받는 일

역시 간단한 설명이었어요. 동호는 군주가 뭔지 곰곰이 생각해
보니 대충 이해가 되는 듯했어요.

우리나라는 선거를 통해 다수결의 원칙에 따라 대통령을 뽑아
요. 그런 것을 민주주의라고 하죠. 하지만 '군주'는 선거를 통해
될 수 있는 지위가 아니에요. 군주의 아들로 태어나면 군주가 되
는 거죠. 사람들에게는 군주를 뽑을 수 있는 권한이 없어요. 군주
는 태어날 때부터 정해지는 거죠.

동호는 고개를 갸웃거렸어요.

'그럼 군주는 왕이라는 건데, 왕을 기다린다고? 누가 왕을 기다
린다는 거야?'

아무리 생각해도 알 수가 없었어요. 동호는 검색창에 '공화제'
를 입력했어요. 공화제에 대해서는 꽤 긴 설명이 나왔어요. 동호
는 공화주의가 무엇인지 소리 내어 읽었어요.

공화제 : 공화제는 군주제와는 달리 군주가 존재하지 않는다. 기본

적으로 입헌제이고, 그 사회의 모든 구성원이 정치적 의사 결정에 평등하게 참여한다.

동호는 여기까지 읽다가 멈추었어요. 그 뒤에 있는 설명은 복잡해서 무슨 말인지 잘 이해가 되지 않았거든요. 공화제가 사람들이 평등하게 사는 세상이라는 것은 이해했어요. 군주제는 불평등한 사회 같았거든요.

"그래. 이상하긴 하네. 공화제를 원하면 군주를 기다리면 안 되는 거잖아?"

동호는 자신도 모르게 중얼거렸어요.

"그런데 누가 말한 거지?"

동호는 뒤돌아봤어요. 하지만 아무도 보이지 않았어요.

"내가 잘못 들었나? 아냐. 그럼 군주니 공화제니 하는 단어를 내가 어떻게 알았겠어?"

동호는 머리를 긁적거리며 계속 중얼거렸어요. 혼잣말을 자꾸 하다 보니 동호 자신이 이상하게 느껴졌어요. 그럼에도 불구하고 혼잣말을 멈출 수가 없었어요. 다시 생각해 봐도 교실과 방에서 누군가의 목소리를 들은 것이 분명하거든요.

동호는 누가 무슨 이유로 자신에게 계속 말을 거는지 알고 싶었어요. 그런데 어떻게 알아내야 할지 몰라 답답했어요. '환청'이라는 단어까지 검색할 정도였으니까요. 혹시 환청을 듣는 건 아닌가 의심이 들어서요. 그런데 환청에 대한 설명이 뜨는 대신 화면이 갑자기 어두워졌어요.

"어, 고장?"

동호는 당황해서 화면을 만졌어요. 바로 그때였어요. 화면에서 눈이 부실 정도로 환한 빛이 났어요. 그리고 곧바로 두 명의 남자가 벤치에 앉아 대화를 나누는 모습이 보였어요. 그곳이 어딘지 정확히 알 수 없었지만 공원 같은 곳이었어요. 누구인지도 알 수 없었지만 서양인의 외모였어요.

"뭐야?"

동호는 자판을 두드렸어요. 그래도 화면 속의 동영상은 사라지지 않았어요. 동호는 컴퓨터가 바이러스에 걸렸다고 생각했어요. 바이러스 때문에 컴퓨터가 스스로 영화를 틀고 소리를 내보내는 것일 수도 있거든요.

순간, 도저히 이해할 수 없는 일이 일어났어요. 벤치의 왼편에 앉아 있던 남자가 갑자기 동호 쪽으로 고개를 돌렸어요. 그 바람에 눈이 마주쳤죠. 남자는 깜짝 놀랐어요. 동호는 그 남자보다 더 깜짝 놀라서 뒷걸음을 쳤어요.

"어, 엄마!"

동호는 엄마를 불렀어요. 너무 무서웠어요. 공포 영화처럼 화면에서 남자가 튀어나오기라도 하면 어쩌나 싶어 가슴이 콩닥거렸어요. 저 남자가 귀신이라면 어쩌죠? 동호의 머릿속에서는 정말 별 생각이 다 들었어요.

"왜?"

거실에서 엄마가 대답하는 소리가 들렸어요.

"엄마! 빨리, 빨리 와!"

동호의 목소리가 다급하게 떨렸어요. 그 자리에서 기절하지 않은 것만으로도 다행일 거예요. 엄마가 문을 열자 거짓말처럼 컴퓨터 화면이 원래대로 돌아왔어요.

"왜 그래?"

"엄마!"

동호는 엄마를 보자마자 달려가서 안겼어요.

"이 애가, 왜 그래?"

엄마는 그렇게 말하면서도 동호를 꼭 껴안아 줬어요.

"우리 동호 아직 아기네?"

"아니야. 엄마가 몰라서 그래."

동호는 엄마 품에 안겨 바들바들 떨다가 한참 후에야 간신히 진정했답니다. 동호는 자신이 겁쟁이 같았어요. 그러나 그 당시에는 어쩔 수가 없었답니다. 지금 다시 생각해도 무서운 걸요.

2 마키아벨리, 당신은 누구예요?

아침마다 일찍 일어나는 건 정말 세상에서 제일 힘든 일이에요. 어른들은 얼마나 좋을까요? 학교에 가지 않아도 되고, 지각했다고 선생님께 혼날 일도 없고……. 동호는 침대에 누워서 빨리 어른이 되면 좋겠다고 생각했어요. 그러다 문득 아빠는 자신보다 더 일찍 회사에 간다는 사실이 떠올랐어요.

"어른이라고 다 좋은 것은 아니잖아. 그래도 학교보다 회사가 더 좋지 않을까?"

동호는 긴 한숨을 내쉬었어요. 얼른 세수하고 양치질을 해야 한다고 생각했지만 일어나기가 정말 싫었어요.

"동호야, 일어날 시간이야."

엄마가 들어와서 동호의 등을 토닥거렸어요. 동호는 조금만 더 자고 싶다고 투정을 부렸어요.

"그러다 지각할 거야. 어서 일어나. 세수하고 밥 먹자."

"네."

엄마는 화를 잘 내지 않아요. 그래서 동호는 엄마에게 반항을 할 수가 없답니다. 하지만 엄마가 방을 나가자마자 동호는 다시 침대에 누워 버렸어요. 어제 선생님께 매를 맞았던 다리가 아침이 되니 더 아팠어요. 엄마가 걱정할까 봐 보여 주지 않아서 약을 바르지 못했거든요.

"엄마."

동호는 소리 높여 엄마를 불렀어요.

"왜?"

부엌에서 엄마가 대답했어요.

"아파."

"뭐?"

"아프다고."

엄마가 다시 동호의 방으로 들어왔어요.

"어디가 아파?"

"머리."

"머리?"

엄마는 동호의 이마를 짚어 보더니 '열은 안 나는데……' 하고 고개를 갸웃했어요.

"아니, 배."

"배가 아파?"

"아니, 가슴."

"이 녀석, 꾀병이구나."

"아니야. 진짜야. 학교 가기 싫어서 가슴이 아파."

"왜 그래? 무슨 일 있어?"

엄마는 침대에 앉아 동호의 손을 잡으며 물었어요.

"아니."

"그런데 왜 그래?"

"그냥. 하루쯤은 학교에 가지 않아도 괜찮지 않아?"

"하루쯤? 그런데 하루가 이틀이 되고 이틀이 사흘이 될 수도 있잖아?"

"아니, 오늘 하루만 안 갈 거야."

"왜 학교에 가기 싫은데? 친구들이랑 싸웠어?"

"아니."

"그럼?"

"엄마."

"응?"

"매일 하는 일을 가끔은 하기 싫을 때도 있는 거잖아."

"그래. 그럴 수도 있지. 네 말이 맞아. 그럼 오늘 하루는 네가 원하는 대로 해 봐."

"정말?"

동호는 엄마 뺨에 뽀뽀를 하고 싶을 정도로 기뻤어요.

"응. 엄마가 학교에 전화할게. 대신 약속할 수 있어? 오늘 이후로 다시는 꾀병 부리지 않기. 학교 가지 않겠다고 떼쓰지 않겠다고 말이야."

"다시는?"

"응. 다시는."

동호는 잠시 생각했어요. 엄마의 제안을 지킬 자신이 없었거든요. 앞으로도 학교에 가기 싫은 날이 많을 것 같았어요.

"아니, 그냥 가야겠다. 그럼 엄마, 나 조금 늦게 가도 돼? 할 일이 있어."

"무슨 할 일?"

"그건 비밀."

"중요한 일이야?"

"응."

"알았어. 좀 늦는다고 선생님에게 전화할게."

엄마가 방을 나간 뒤 동호는 컴퓨터를 켰어요. 깜빡 잊고 있었던 어젯밤 일이 생각났거든요.

'마키아벨리.'

화면 속에서 벤치의 오른쪽에 앉아 있던 남자가 왼쪽 남자에게 그렇게 말한 것 같아요. 마키아벨리라고요. 마키아벨리는 사람 이름이 분명해요. 동호는 인터넷 검색창에 '마키아벨리'라고 쳤어요. 익숙한 이름이었거든요. 어디선가 들은 적이 있는 이름 같았어요.

"어디서였더라?"

동호는 그 이름을 어디서 들었는지 생각해 내려고 애를 썼어요.

그러다 작은 방에 있는 책장이 생각났어요. 동호의 부모님은 책을 전부 작은 방에 정리해 놓았어요. 물론 그 책들을 다 읽지는 않았어요. 동호에게는 어려운 책이 많았거든요. 그러나 작가 이름과 제목은 꽤 많이 알고 있었어요.

"아. 그래, 맞아. 《군주론》! 왜 이제야 기억이 나는 거야? 바보같이."

동호는 작은 방으로 가서 책장에 있는 《군주론》을 꺼냈어요. 책에는 마키아벨리에 대한 간단한 소개가 적혀 있었어요.

니콜로 마키아벨리는 1469년 5월 3일 피렌체에서 태어났다.

"피렌체? 피렌체가 어디지?"

동호는 인터넷으로 검색해 볼까 생각하다가 일단 마키아벨리의 생애를 마저 읽기로 했어요.

그는 이탈리아 역사에 대한 해박한 지식과……

여기까지 읽고 동호는 알아차렸어요.

"아, 이탈리아구나. 피렌체는 이탈리아의 도시야."

…… 해박한 지식과 통찰력이 뛰어나다. 그의 작품 중에는 유력자의 부탁에 의해 썼거나 누군가에게 바치기 위해 쓴 것이 많다. 이는 그가 신분 상승에 대한 강한 욕망을 가지고 있음을 의미한다. 이러한 욕망은 그를 비정한 현실주의자로 만들었다.

"어휴, 무슨 소리야? 그러니까, 마키아벨리는 똑똑했다는 거잖아. 그리고 권력을 가진 사람들에게 잘 보이려고 했다는 거지?"

마키아벨리는 기본적으로 공화주의자였다. 그러나 이탈리아는 공화제가 되기 힘들다는 것을 알고 있었다.

"공화제. 그렇구나. 그들이 공화제를 말한 거였어."
그렇게 중얼거리다가 동호는 갑자기 등골이 오싹해졌어요.
"잠깐. 그럼 진짜, 진짜 그 마키아벨리가 화면에 나타났던 거야? 어떻게 이런 일이 있을 수 있지?"
동호는 방에 혼자 있는 것이 무서워 책을 들고 얼른 거실로 나갔어요. 거실에서 청소를 하던 엄마는 동호에게 언제 학교에 갈 거냐고 물었어요.

"지금 갈게요. 엄마, 그런데 이 책은 누구 거야?"

"아? 《군주론》이네. 엄마 거야. 엄마가 결혼하기 전에 읽던 책인데, 그건 왜?"

"응. 재미있을 것 같아서."

"재미있을 것 같다고?"

엄마는 수상한 표정으로 동호를 보며 말했어요.

"네가 읽기에는 어려울 텐데."

"쳇! 나도 다 이해할 수 있어. 학교에 가져가서 읽어도 되지?"

"그래, 그럼. 아들이 책을 읽는다는데 안될 게 있나? 대신 쉬는 시간에만 읽어."

"네."

동호는 그렇게 대답하며 《군주론》을 책가방 속에 넣었어요. 평소보다 가방은 무거웠지만 기분은 좋았어요. 친구들은 제목도 모르는 책을 읽는 거잖아요. 생각만 해도 자신이 참 기특했습니다. 어제처럼 마키아벨리 귀신만 나타나지 않으면 더할 나위 없이 좋을 텐데요.

"그런데 정말 귀신이었나?"

"뭐?"

"아무 것도 아니야. 학교 다녀올게요."

동호는 쏜살같이 밖으로 나갔어요. 뒤에서 엄마가 '동호야, 밥은 먹고 가야지!' 하는 소리가 들렸어요.

"배 안 고파요."

동호는 소리치며 계속 뛰었어요.

3 마키아벨리를 붙잡아야 해

운동장은 비어 있었어요. 아이들은 모두 교실에 있을 거예요. 시계를 보니 수업이 끝나려면 20분 정도가 남았어요. 수업 중간에 들어가면 선생님과 아이들이 쳐다볼 거예요. 그래서 동호는 쉬는 시간에 교실에 들어가기로 마음먹었어요.

동호는 운동장 한 편에 있는 큰 나무 아래 벤치에 앉았어요. 그리고 책가방에서 묵직한 《군주론》을 꺼냈어요. 시원한 바람이 부는 나무 그늘 아래에서 책을 읽는 것은 생각보다 훨씬 더 기분이 좋았어요. 더군다나 운동장은 도서관처럼 조용했습니다.

마키아벨리는 생각보다 복잡한 사람 같아요. 공화주의자이면서도 영명한 군주를 기다리는 것도 그렇고, 권력자들을 위해 책을 쓴 것도 그래요. 《군주론》은 그 당시 피렌체의 지배자인 메디치라는 사람에게 바쳤대요.

"메디치 가문? 이건 또 뭐지?"

메디치 가문은 14세기에서 18세기에 걸쳐 피렌체와 토스카나 지방을 지배한 가문이다. 로렌초 디 피에로 데 메디치······

"우와, 이름이 진짜 길다."

동호는 메디치의 이름을 읽다가 탄성을 질렀어요. 이름이 너무 길어서 다 외우지도 못할 것 같았어요.

"흠, 메디치."

······ 메디치가 피렌체의 지배자가 되었다. 마키아벨리는 메디치에게 어떻게 하면 접근할 수 있을까 고민했다. 그래서 자신의 경험과 지식을 바탕으로 하여 국가 경영에 관한 글을 바치기로 한 것이다.

"아. 그래서 《군주론》을 쓴 거구나."

동호는 혼자 중얼거리는 것을 멈추고 위를 쳐다봤어요. 누군가 내려 보고 있는 느낌이 들었거든요.

"어. 선생님!"

동호는 깜짝 놀라서 벌떡 일어났어요. 얼마나 놀랐던지 손이 바들바들 떨렸어요. 책을 꼭 붙잡고 있었지만 금방이라도 떨어뜨릴 것 같았어요.

"교실로 들어오지 않고 뭐하는 거야?"

호랑이 선생님의 말투는 굉장히 무서웠어요.

"죄송해요. 수업이 끝나면 들어가려고 했어요."

동호의 목소리는 점점 작아졌어요. 선생님은 아무 말 없이 막대기로 교실 쪽을 가리켰어요.

"빨리 움직여. 교실에 들어가서 얘기하자."

"네."

동호는 교실로 걸음을 옮겼어요. 엄마의 전화를 받지 않았냐고 묻고 싶었지만 결국 아무 말도 못했어요. 선생님은 아이들이 말대꾸하는 것을 정말 싫어하시거든요.

"꾀병을 부리는 것도 모자라 학교에 왔는데 곧장 교실로 들어오지 않고 운동장에서 놀기나 해? 네가 선생님을 얼마나 우습게 알면 이러는 거야?"

선생님이 막대기를 손바닥에 딱딱 내리치며 나지막이 말했어요. 교실에 들어가서 말하자고 하는 것으로 보아 동호를 빨리 야단치고 싶은가 봐요. 동호는 고개를 숙인 채 왼발과 오른발이 번갈아 앞으로 나가는 것을 쳐다보기만 했어요.

'오늘은 결석했어야 했는데…….'

이런 후회까지 하면서 말이에요.

"성적도 나쁜 주제에 네가 뭘 안다고 책을 읽어? 알기나 하고 읽는 거야? 응?"

동호는 책을 꼭 껴안았어요. 성적이 나쁘면 책을 읽어서는 안 되는 걸까요? 선생님은 왜 그런 말을 할까요? 동호는 알 수가 없었어요. 그때 갑자기 웬 남자 한 명이 눈앞에 나타났어요.

"어?"

동호는 발걸음을 멈췄어요. 뒤에서 따라오던 선생님은 동호가 멈추는 바람에 동호의 등에 부딪치고 말았죠.

"뭐야?"

선생님이 화난 목소리로 소리쳤어요. 선생님은 매일 매시간 화

를 내는 것 같아요. 그런데 동호는 지금 그런 선생님에게 뭐라고 대꾸를 할 수가 없었어요. 눈앞에 마키아벨리가 걸어가고 있었거든요. 등을 구부정하게 굽히고 손을 앞으로 내민 채 누군가에게 애원하는 모습으로 말이에요.

"메디치 전하. 저는 전하를 위해 많은 일을 할 준비가 되어 있습니다. 믿어 주세요."

마키아벨리의 목소리는 간절했어요.

"김동호!"

선생님이 뒤에서 동호를 불렀어요. 막대기가 계속 등을 찌르고 있었어요. 그러나 동호는 그런 것에 신경을 쓸 수가 없었어요. 그보다 선생님은 어째서 마키아벨리를 보지 못하는지 알 수가 없었어요. 바로 이렇게 눈앞에 있는데 말이에요.

동호는 선생님께 마키아벨리가 보이지 않으냐고 물어보려고 했어요. 그러나 선생님의 무서운 눈빛과 마주친 동호는 그만 아무 말도 할 수가 없었어요.

"메디치 전하. 제게 기회를 주신다면……."

다시 마키아벨리의 목소리가 들렸어요. 동호는 목소리가 들리는 쪽으로 고개를 돌렸어요. 하지만 너무 늦었어요. 마키아벨리는 온데간데없이 사라져 버렸거든요.

"아!"

동호는 주변을 둘러보았어요. 분명 어딘가에 마키아벨리가 있을 것 같았어요. 왜 그런 생각을 했는지는 알 수 없어요. 그냥 느낌이었을 뿐이에요.

과연 동호의 짐작이 맞았어요. 마키아벨리는 교문을 향해 걸어가고 있었어요. 그는 어디로 가는 걸까요? 동호는 그를 붙잡고 물어보고 싶은 것이 아주 많았어요. 어디에서 왔는지, 도대체 자신에게만 보이는 이유가 뭔지 말이에요.

동호는 마키아벨리가 금방 사라진 교문 쪽으로 무작정 뛰기 시작했어요. 선생님이 동호의 어깨를 잡았어요. 그러나 동호는 선생님의 손을 뿌리쳤어요. 지금 마키아벨리를 놓치면 다시는 볼 수 없다는 생각이 들었거든요.

동호는 있는 힘껏 달려 교문 밖을 나섰어요. 등 뒤에서 자신의 이름을 부르는 선생님의 목소리가 메아리처럼 들렸어요.

교문 밖은 차도예요. 그런데 어찌된 일일까요? 길 건너에 늘 있던 건물은 보이지 않고, 오가는 사람들도 없었어요. 차도였던 길은, 그 길은······.

갑자기 장님이 되기라도 한 걸까요? 동호는 아무것도 보이지 않았어요. 도대체 무슨 일이 일어난 거죠?

영웅과 역사

역사가 영웅을 만드는가, 영웅이 역사를 만드는가? 이 문제는 오랫동안 역사가들의 '화두'였습니다. 이것은 단순이 영웅과 역사의 중요성에 관한 문제뿐만 아니라 역사를 보는 관점의 문제이기도 합니다.

영웅이 역사를 만든다고 생각하는 사람들이 있습니다. 영국의 유명한 역사학자이자, 문필가였던 칼라일(Thomas Carlyle)과 같은 인물이 그에 속합니다. 그는 '역사란 영웅의 발자취'라고 말합니다. 이같은 사상을 가리켜 '영웅사관' 또는 '영웅숭배론'이라고 부릅니다.

그런가 하면 민초들이 역사를 이끈다고 믿는 사람들이 있습니다. 1894년에 일어난 동학 농민 운동의 경우가 민중이 역사를 이끈 사건이었다고 평가됩니다.

중국의 고염무는 '역사에서 한 나라의 흥망성쇠는 필부들에게도 책임이 있다(天下興亡匹夫有責 : 천하흥망필부유책)'고 말하며 역사에서

민초들의 역할을 강조했습니다.

이런 두 주장은 오늘날에도 갈등을 빚고 있습니다. 백성이 역사를 만든다는 민중사관을 주장하는 좌파와 영웅이 역사를 만든다는 영웅사관을 주장하는 우파로 나뉘어져 있지요.

그러나 엄격히 말하면 영웅이냐 민중이냐를 따진다는 것은 의미가 없는 일입니다. 왜냐하면 역사 속에서 영웅과 민중은 각자의 역할을 수행했기 때문에 어느 한쪽이 역사의 주인이라고 말할 수는 없습니다. 누구였던지 간에 각자의 위치에서 열심히 살았다면 그가 곧 역사의 주인이라고 말할 수 있을 것입니다.

시대가 영웅을 만드느냐, 아니면 영웅이 시대를 만드느냐의 질문으로 다시 돌아가 본다면 마키아벨리는 시대가 낳은 인물이 아닐까 하는 생각이 듭니다.

마키아벨리는 민중의 역할을 결코 낮게 평가하지 않았지만 결과적으로는 영웅의 편에서 역사의 발전을 기대한 것으로 볼 수 있습니다. 아마도 당시 이탈리아 민중이 역사를 이끌어 가기에는 역부족이었다고 여겼기 때문에 메디치 가문에 희망을 걸었던 것으로 보입니다.

위대한 인물의 치열한 독서

마키아벨리의 일생에서 배워야 할 점이 몇 가지 있습니다.

우선 그는 엄청난 독서량을 가진 사람이었다는 겁니다. 마키아벨리는 공무 수행 중에도 많은 양의 독서를 했는데, 이때 얻은 지식과 자신의 체험을 토대로 훗날 많은 저서를 남겼습니다. 그의 작품에는 몇 가지 특징이 있습니다.

첫째, 그의 저서에서는 이탈리아 역사에 대한 해박한 지식과 통찰력을 엿볼 수 있습니다. 이런 점에서 그는 탁월한 역사학자라고 말할 수 있습니다.

둘째, 그는 유력자의 부탁으로 책을 집필하거나 누군가에게 헌상(獻上)하기 위해 쓴 책이 많습니다. 이는 그가 몰락한 귀족으로서 신분 상승에 대한 강한 욕망을 가지고 있었음을 의미합니다. 이러한 욕망이 훗날, 그를 현실주의자로 만들었다고 볼 수도 있습니다.

셋째, 그의 작품에는 소설과 희곡도 있는데 이는 그가 역사학자나 정치학자이기 이전에 문필가로서 상당한 능력을 갖추고 있었음을 뜻합니다. 그의 문장이 빼어난 것은 결코 우연이 아니었습니다.

젊은 날에 넓은 세상을 보기를……

우리가 마키아벨리를 통하여 배워야 할 두 번째 교훈은 모름지기 젊은 시절에는 넓은 세상을 보아야 한다는 점입니다. 공무로 인한 출장과 취미로 여행을 다녔던 마키아벨리는 젊은 날에 많은 곳을 돌아다녔습니다.

처음 여행하는 곳에서도 새로운 언어를 말할 수 있었던 그는 외국어에 남다른 소질을 타고난 사람이었습니다. 그는 여행지에서 많은 것을 관찰하기 위해 노력했습니다. 당시에는 말을 타고 여행할 수밖에 없었기 때문에 주위를 차근차근 둘러볼 여유가 있었습니다. 그렇기 때문에 여행지의 새로운 문화를 많이 접할 수 있었습니다.

젊은이들이 넓은 세상을 보아야 하는 이유는 '동굴의 편견'을 벗어나기 위해서입니다. 옛날 어느 동굴 속에서 살던 원시인들은 아무 의심없이 동굴의 입구를 동쪽으로 여기며 살았습니다. 아침이 되면 동굴의 입구가 먼저 밝아오고 해는 동쪽에서 뜨니 동굴의 입구는 동쪽인 줄 알았던 것입니다. 그러나 원시인들이 살던 동굴의 입구는 남향이었습니다. 남향이었기 때문에 덜 춥다는 것을 원시인은 몰랐던 것이지요. 이를 '동굴의 편견'이라고 말합니다. 넓은 세상으로 나가지 않고 자기만의 세계에 갇혀 있으면 동굴의 편견이 생기기 쉽답니다.

마키아벨리를 통해 배울 세 번째 교훈은 무엇일까요? 앞서 말했듯이 넓은 세상으로 나가서 훌륭한 사람을 많이 만나며 나의 그릇을 키워야 한다는 것입니다.

인생은 결국 '만남'이라고 볼 수 있습니다. 젊은 날에 만나는 사람의 영향으로 나의 운명이 달라질 수 있다는 것이지요.

마키아벨리는 외교관으로서 여행을 하면서, 업무상 맺는 관계를 넘어 당대의 유력한 정치인들에게 의도적으로 접근했습니다. 그리하여 자신의 저술을 알리며 입신양명을 위한 노력을 게을리하지 않았습니다.

체사레 보르자는 마키아벨리의 인생을 바꾼 유력 인사 중 한 명입니다. 보르자는 이탈리아에서 유명한 에스파냐 태생 가문의 출신입니다. 체사레는 교황 알렉산데르 6세의 서자로서 불과 17세의 나이로 추기경이 되었으며 아버지의 명령으로 각국을 순방했습니다.

보르자는 아버지의 덕으로 피옴비노, 우르비노, 페사로 등을 통일하며 잔혹한 공포 정치를 펼쳤습니다. 마키아벨리가 보르자를 처음 만날

당시 보르자는 시니갈리아를 정복하는 전쟁 중이었습니다.

교황의 아들이자 추기경으로 피렌체 일대를 장악하고 있던 체사레 보르자는 간사한 지혜를 갖은 자로 유명했습니다. 마키아벨리는 그를 통해 정치의 밑바닥에 깔려 있는 속물적인 성격을 들여다볼 수 있었습니다. 《군주론》에 나오는 낮은 수준의 정치적 술수에 관한 내용은 그를 통하여 얻은 교훈을 적은 것입니다. 마키아벨리는 체사레 보르자와 만나면서 지도자의 행동을 관찰할 수 있는 최고의 기회를 얻었고, 전쟁을 수행하는 방법을 비롯하여 많은 정치적 영감을 얻었습니다.

마키아벨리의 또 다른 인연은 메디치였습니다. 메디치는 14~18세기에 걸쳐 피렌체와 토스카나 지방을 장악한 가문을 말합니다. 이 가문의 출신 로렌초 디 피에로 데 메디치는 로렌초 2세라고도 하며, 1516년에 삼촌인 레오 10세에 의하여 우르비노 대공이 되었습니다. 그가 피렌체의 지배자가 된 것이죠.

당시 급변하던 이탈리아 사회에서 피렌체의 지배자 메디치가와 마키아벨리의 인연은 사실 그리 돈독하지 않았습니다. 하지만 마키아벨리가 메디치 가문을 바라보면서 야망을 불태웠다는 점에서 의미 있는 인연이라고 말할 수 있지요.

  하지만 마키아벨리의 갖은 노력에도 불구하고 메디치는 그를 가까이 두지 않았습니다. 메디치의 거절은 훗날 마키아벨리에게 많은 영향을 미치게 됩니다.

피렌체의 이방인

훌륭한 군주는 관료를 다스리는 것이지
백성을 다스리는 것이 아니다.　　　― 한비자(韓非子)

1 여긴 어디야?

동호는 깊은 잠을 자고 있었어요. 마치 잠자는 왕자가 된 것처럼 말이에요. 잠을 자면서도 자신이 잠들어 있다는 사실을 느낄 수 있었어요. 하지만 자신이 누구인지는 아무리 생각해도 알 수가 없었어요. 생각하려고 노력할수록 자꾸만 깊은 어둠 속으로 빠져들었어요.

"이 애는 누구야?"

어떤 아이의 목소리가 들렸어요. 굵고 거친 목소리였어요.

"왜 여기서 자고 있는 거야?"

이번에는 다른 목소리가 들렸어요. 아마도 두 명의 아이가 근처에 있나 봐요.

"생긴 것도 이상해."

또 다른 목소리가 들렸어요. 앞의 두 아이와 달리 쉰 목소리였어요. 모두 세 명의 아이가 있나 봐요.

"옷을 뒤져 보자."

처음 들렸던 목소리의 아이가 다시 말했어요.

'안 돼!'

동호는 크게 외치고 싶었어요. 낯선 사람이 옷을 뒤진다는 것은 생각만 해도 끔찍해요. 하지만 도무지 몸을 움직일 수가 없었어요. 소리도 지를 수 없었어요.

'이러지 마!'

아이들이 몸을 뒤지는 걸 느낄 수 있었어요. 동호는 몸부림을 치려고 했어요. 그러나 여전히 손가락 하나도 움직일 수가 없었어요. 아이들은 동호를 거칠게 다뤘어요. 겉옷을 벗기고 호주머니를 뒤지기 시작했어요.

'주머니 속에 뭐가 들어 있었더라?'

동호는 중요한 것이 있었는지 생각해 내려고 했지만 여전히 아무것도 기억할 수가 없었어요. 자기가 왜 그곳에 누워 있는지조차 알 수가 없었죠.

'난 누구지? 여기는 어디야?'

동호는 답답했어요. 이제는 바지 주머니까지 뒤지기 시작했어요. 또 다른 아이는 신발을 벗기고 있었죠. 이러다 벌거벗은 임금님처럼 되는 건 아닌지 모르겠어요. 그때 또 다른 목소리가 들렸어요.

"너희들 뭐하는 짓이야?"

어른의 목소리였어요. 아주 나이가 많은 사람은 아니고 대략 스무 살 정도의 어른인 것 같았어요. 그 어른이 아이들을 쫓아내고 있나 봐요. 후다닥하는 달음박질 소리와 함께 아이들이 사라진 것을 느꼈어요.

그리고 다시 조용해졌어요. 그 어른도 가 버린 걸까요? 아니면 아이들을 쫓아내고 혼자서 동호의 호주머니를 뒤지려고 하는 속셈일까요?

"동양인이구나. 그런데 어째서 이곳에 있는 거지?"

아이들을 쫓은 남자가 부드러운 목소리로 말했어요. 나쁜 사람

같지 않아서 동호는 안심이 되었어요. 그러나 이대로 눈을 뜨지 못할까 봐 걱정이 되었어요.

"안심해라. 안전한 곳으로 데려가는 거야."

남자는 동호에게 계속 말을 걸었어요. 그리고 동호를 가뿐하게 안고 어딘가를 향해 걷기 시작했어요. 동호는 다시 깊은 잠에 빠졌지요.

얼마나 잤는지 모르겠어요. 어디선가 들리는 여자아이의 목소리를 듣고 동호는 잠에서 깨어났어요. 여전히 눈을 뜰 수는 없었어요. 하지만 구수하고 맛있는 냄새를 맡을 수 있었어요.

"누구야?"

다시 여자아이의 목소리가 들렸어요.

"길에 쓰러져 있었어."

젊은 남자가 말했어요.

"길에? 그런데 이상하게 생겼네?"

"응. 동양인이야."

"동양인?"

"그래 저 멀리 있는 나라에서 살고 있는 사람이지."

"얼마나 멀리?"

"여기서 배를 타고 한 달은 가야 할 걸."

"그런데 이 애는 어떻게 여기에 온 거야?"

"글쎄, 모르겠네."

둘은 말을 주고받으며 집 안으로 들어갔어요.

"그런데 선생님은?"

남자는 동호를 침대에 눕히며 여자아이에게 물었어요.

"메디치 전하를 만나러 갔어."

메디치? 동호는 속으로 중얼거렸어요. 익숙한 이름이었거든요. 동호는 기억을 되살리기 위해 노력했어요. 그런 생각을 하다가 갑자기 자신이 누구인지 떠올랐어요.

'나는 한국의 초등학생이었지! 엄마 아빠가 있고, 호랑이 선생님 때문에 학교에 가기 싫어하는 평범한 남자아이.'

동호는 메디치와 마키아벨리의 환상을 보고 이상한 목소리를 들었던 것까지 다 기억해 냈어요.

'이 남자가 말하는 선생님이 혹시 마키아벨리일까?'

동호의 마지막 기억은 마키아벨리를 쫓아 달려갔던 것이었어요. 그리고 정신을 잃었죠.

'그때 내가 정말 마키아벨리를 붙잡은 걸까? 어떻게 마키아벨리와 가까운 사람들을 만나게 된 거지?'

동호는 이런저런 생각을 하느라 그들이 계속 대화를 나누고 있다는 사실도 잊어 버렸어요.

"마키아벨리 선생님은……."

남자의 말을 듣고 동호는 번쩍 눈을 떴어요.

"어? 깨어났다!"

여자아이가 소리를 질렀어요.

"괜찮니?"

남자가 물었어요.

"저는……."

동호는 말을 하고 싶었지만 목소리가 나오지 않았어요. 주변을 둘러보니 동호가 누워 있는 곳은 한 번도 본 적이 없는 이상한 방이었어요. 천정은 높으며 벽난로가 있고 많은 액자들이 걸려 있었죠. 게다가 자신을 내려보고 있는 두 사람은 서양인이었어요.

"그래, 넌?"

남자는 동호의 대답을 기다리며 되물었어요. 이해할 수 없는 상황에 놓인 동호는 정신이 아찔했어요. 그래서 한마디 말도 못하고 다시 깊은 잠에 빠져들었죠. 잠이 드는 순간 동호는 생각했어요. 나는 꿈을 꾸는 중이고, 꿈에서 깨면 자신의 방에 누워 있을 거라고요. 동호는 모든 것이 제자리로 돌아오기를 간절히 바랐어요.

2 동호, 잡혀가다

동호는 교실에 앉아 있었어요. 늘 그렇듯이 아이들은 조용히 수업을 듣고 있었어요. 선생님은 화난 표정으로 뭔가를 끊임없이 말하고 있었어요.

동호는 창밖을 내다봤어요. 운동장은 비어 있고 교문은 닫혀 있었죠. 방금 전에 깜빡 잠이 들었나 봐요. 서양인들을 만나는 꿈을 꿨어요. 아니, 그들이 사는 세상에 다녀온 꿈을 꿨어요.

'그럼 그렇지.'

동호는 속으로 중얼거리며 빙그레 웃다가 선생님과 눈이 마주쳤어요. 딴생각을 하다가 선생님을 깜빡 잊고 있었어요.

"김동호."

선생님이 동호를 불렀어요.

"네."

동호는 평소와 달리 활발하게 대답했어요.

"수업 시간에는 딴생각을 하는 게 아니야. 성적이 좋지 않으면 수업을 잘 들어야지."

"네."

전에도 선생님께 들었던 말이에요. 성적이 안 좋은 내가 뭘 할 수 있을까 동호는 생각해 봤어요. 일단 공부를 열심히 해서 성적을 올려야겠죠? 하지만 성적이 나쁘다고 해서 다른 것도 못하는 것은 아니잖아요. 동호는 선생님의 말이 틀렸다고 생각했지만 아무 말도 하지 않았어요.

수업이 끝난 뒤에도 아이들은 조용히 움직였어요. 선생님은 쉬는 시간에도 아이들이 떠드는 것을 싫어하거든요. 그래서 몇몇 아이들에게 쉬는 시간 동안 떠드는 아이들의 이름을 적게 했어요. 쉬는 시간에도 편하게 쉴 수 없었어요.

동호는 자리에 앉아 《군주론》을 꺼냈어요. 조금이라도 책을 읽고 싶었거든요. 한 페이지를 읽고 다른 페이지로 넘기려는데 교실이 여느 때보다 더 조용하다는 것을 느꼈어요. 마치 꿈속에서 잠을 자고 있는 것처럼 말이에요.

동호는 고개를 들었어요. 교탁 앞에는 마키아벨리가 서 있었어요. 마키아벨리 앞에는 화려한 복장의 한 남자가 다른 남자에게 명령을 내리고 있었어요. 화려한 복장을 한 남자는 마키아벨리를 거들떠보지도 않는 것 같았어요.

"메디치 전하. 제 말을 들어보시면⋯⋯."

'또 메디치? 또 마키아벨리? 아, 정말⋯⋯.'

동호는 한숨을 내쉬었어요. 다 끝난 줄 알았는데 아니었어요. 동호는 여전히 환상을 보고 환청을 듣고 있었어요. 뭐가 현실이고 뭐가 꿈인지 헷갈렸어요.

"제가 전하를 위해⋯⋯."

메디치는 마키아벨리를 무시하고 걷기 시작했어요. 그의 뒤를 따라 신하들이 따르고 있었고요. 마키아벨리는 따라가지 못하고 그들의 뒷모습만 쳐다보고 있었어요.

"아저씨."

동호는 용기를 내어 마키아벨리를 불렀어요. 그러나 마키아벨리는 아무 소리를 듣지 못했어요.

"선생님."

동호는 다시 불렀어요. 마키아벨리는 허공을 한 번 바라보더니 교실 밖으로 나갔어요.

"마키아벨리 선생님!"

동호는 마키아벨리를 부르며 뒤를 쫓아갔어요. 그런데 어째서 학교가 궁궐처럼 변해 있는 거죠? 교실과 명패가 늘어서 있던 복도가 아니었어요. 그곳에는 대리석 바닥과 높은 천정, 화려한 창문이 있었어요. 끝이 안 보일 정도로 길고 아름다운 복도를 따라 마키아벨리가 걷고 있었어요. 동호도 그의 뒷모습을 보며 따라갔어요.

얼마나 걸었을까요? 한참을 걷다 보니 출구가 나왔어요. 문 앞에는 근사한 옷을 입은 군인들이 지키고 있었어요. 마키아벨리를 따라 동호도 그 출구를 빠져나갔어요.

"오늘도 얘기가 잘 안 되었는가?"

밖에서는 어떤 남자가 마키아벨리를 기다리고 있었어요.

'컴퓨터 화면에서 본 그 남자야!'

동호는 쉽게 그 남자를 알아볼 수 있었어요. 그러나 그 남자는 마키아벨리와 마찬가지로 동호를 보지 못했어요. 동호를 마치 투명인간처럼 대했어요.

"그렇다네. 집으로 가야겠네. 피곤해."

마키아벨리는 남자와 인사를 나눈 뒤 다시 걷기 시작했어요. 동호는 그 뒤를 쫓았어요.

"꿈이 아니었던 거야? 아니면 아직도 꿈을 꾸는 거야?"

동호는 중얼거렸어요. 그때 누군가 동호의 이마를 짚는 것이 느껴졌어요. 그리고 부드러운 음성이 들렸어요.

"꿈을 꾼 모양이구나."

눈을 뜬 동호는 자신이 여전히 낯선 남자의 집에 누워 있다는 사실을 알게 되었어요. 젊은 남자와 여자아이가 자신을 뚫어지게 쳐다보고 있었어요. 그리고 또 한 사람, 마키아벨리도 있었어요.

"어디서 왔니?"

동호는 지난번처럼 깜짝 놀랐지만 이번에는 정신을 잃지 않았어요.

접시에서는 뜨거운 김이 올라왔어요. 노란 옥수수 수프는 고소

한 냄새를 풍겼어요. 동호는 잘 먹겠다고 인사를 하고 수프를 먹었어요. 한국에서 이미 먹어 본 옥수수 수프지만 이탈리아에서 먹으니 왠지 낯설었어요. 하지만 냄새만큼 맛도 좋았어요.

젊은 남자는 빵을 주며 수프에 찍어 먹으면 맛있다고 알려 주었어요. 빵은 약간 딱딱했지만 따끈한 수프에 찍어 먹으니 한결 나았어요. 동호는 배가 고팠던 터라 맛있게 먹었죠. 다른 사람들은 동호가 식사를 하는 동안 묵묵히 기다렸어요.

"잘 믹있습니다."

동호는 다시 한 번 인사를 했어요.

"잘 먹었다니 다행이구나. 입맛에 맞지 않을까 걱정했단다. 그런데 어디서 왔다고 했지?"

"한국이요. 대한민국."

"대한민국이라? 처음 듣는 이름이구나."

마키아벨리가 말했어요. 운동장이나 교실에서 그를 보았을 때는 어딘지 조급해 보이는 인상이었는데, 실제로 보니 굉장히 지적인 분위기가 풍겼어요. 그리고 약간 낮은 톤의 목소리는 근엄하기까지 했고요.

"왜 그러니? 내 얼굴에 뭐 묻었니?"

"아, 아뇨."

동호는 자신이 마키아벨리의 얼굴을 뚫어지게 쳐다보고 있었다는 사실을 뒤늦게 깨달았어요.

"그런데 네가 낯설지가 않구나. 어디선가 본 적이 있는 것 같기도 하고. 넌 동양인이기 때문에 한 번 봤다면 기억을 했을 텐데."

"그건요……."

동호는 말을 꺼내다 말았어요. 자신에게 일어난 일을 말해도 마키아벨리는 믿지 않을 거라는 생각이 들었거든요.

"그건?"

"그러니까……."

동호는 어떻게 말을 해야 할지 난감했어요. 사람들이 전부 자신을 주목하고 있었어요.

그 때였어요. 밖에서 누군가 시끄럽게 문을 두드렸어요.

"제가 나가 보겠습니다."

젊은 남자가 일어나 문을 열었어요. 그와 동시에 경찰 세 명이 들이닥쳤어요.

"무슨 일인가? 초대도 하지 않았는데 집에 들어오다니 아주 무례하군."

마키아벨리가 깜짝 놀라 나무랐지만 경찰들은 상관하지 않았어요. 막무가내였지요.

"저들이냐?"

"네. 저 아이입니다! 저 아이랑 저 남자요!"

경찰들 앞으로 세 명의 아이가 나와서 젊은 남자와 동호를 가리키며 소리쳤어요.

"너희들은 아까 길에서……."

젊은 남자가 말을 끝내기도 전에 두 명의 경찰이 그의 팔을 잡고 밖으로 나갔어요. 다른 한 명은 동호의 팔을 뒤로 틀어잡은 뒤 밖으로 끌고 갔지요. 동호는 끌려가면서 마키아벨리를 쳐다봤어요. 무슨 영문인지 몰라 멍하게 서 있는 마키아벨리 옆으로 겁에 질린 듯 떨고 있는 여자아이도 보였어요.

3 감옥에서의 대화

'감옥에 있다니!'

동호는 믿을 수가 없었어요. 어떻게 이런 일이 일어날 수가 있는 걸까요?

"걱정하지 마라. 별일은 없을 거야."

젊은 남자가 동호를 안심시켰어요. 그러나 습하고 어두운 지하 감옥 안에서 몇 마디 위로로 안심이 될 수는 없었지요. 동호는 울고 싶었지만 눈물을 꾹 참았어요.

"아까 너를 발견하기 전에 네 옷을 뒤지던 아이들이야. 그 아이들이 경찰에 신고를 한 것 같구나. 우리는 지은 죄가 없으니까 괜찮을 거야."

"잘못한 것이 없는데 우리를 왜 가둔 거예요?"

"나도 모르겠어. 하지만 곧 풀려날 거야."

"그렇지만……."

"너무 걱정하지 마. 걱정한다고 해결되는 문제는 아니니까. 그런데 이름이 뭐라고 했지?"

"동호예요. 김동호. 아저씨, 아니, 형님은요?"

"라비에누스."

"역시 이름이 기네요."

"성까지 말하면 기억하지 못할 걸. 라비라고 불러. 간단하게."

"예. 라비 형."

동호는 라비와 이름을 주고받으니 전보다 더 편안해졌어요.

"그런데, 어쩌다 여기까지 온 거니?"

라비가 동호에게 물었어요.

"모르겠어요. 그냥 어쩌다……."

"어쩌다?"

"네. 저도 어떻게 제가 여기 왔는지 모르겠어요. 잠깐 정신을 잃었는데……."

"그렇구나."

바닥에서 올라오는 찬 기운 때문에 동호는 괴로웠어요. 차라리 이야기라도 나누면 차갑고 눅눅한 바닥을 잠시 잊을 수 있을 텐데요. 동호는 문득 공화정과 군주정에 관한 궁금증이 떠올랐어요. 그래서 라비 형에게 물었어요.

"마키아벨리 선생님은 공화주의사예요?"

"어, 어떻게 알았니?"

"맞구나. 히히."

동호는 활짝 웃었어요. 왠지 자신이 많은 것을 알고 있는 느낌이었거든요.

"그래. 선생님은 공화주의자셔. 그렇지만 군주를 위한 책을 쓰고 계시지."

"왜요?"

"지금 형편으로는 이 나라가 공화정으로 가기는 힘들다고 보시는 거야. 이왕 군주제가 되어야 한다면 보다 좋은 군주가 나오길 바라는 마음에서 쓰시는 거야."

"이해가 잘 안 돼요. 공화정으로 가기가 왜 힘들다는 거예요?"

"이 나라는 점점 쇠퇴하고 있어. 주변 나라들은 계속 강해지고 있지. 선생님께서는 지금 상황에서 민중의 힘으로 공화정을 만든다는 것은 무리라고 여기신 거야. 그래서 군주정을 할 수밖에 없다고 생각하신 거지. 이왕 군주정이 될 것이라면 나라를 강대국으로 만들 수 있는 사람이 군주가 되는 것이 좋겠지? 그래서 선생님은 영명한 군주를 기다리시는 거야."

"그렇구나. 마키아벨리 선생님도 고민이 많겠네요."

"그렇지. 선생님은 정치에 참여하고 싶으신데……."

"그런데요?"

"메디치 전하께서 기회를 안 줘."

"아, 그래서……."

"그래서, 뭐?"

"이곳에 오기 전 제가 있던 곳에서 마키아벨리 선생님을 잠깐 봤어요."

"뭐? 어떻게?"

라비가 놀라는 모습에 동호는 재빠르게 말했어요.

"꿈속에서요."

"아아."

동호는 자신에게 일어난 일을 설명해도 소용없을 거라고 생각했어요. 직접 경험한 자신도 믿을 수 없는데 과연 다른 사람들이 믿을 수 있을까요?

"그런데 공화정과 군주정 중에 어떤 것이 더 좋아요?"

동호가 물었어요.

"선생님은 공화정이 가장 바람직하다고 생각하시지. 조금 전에도 말했지만 군주뿐만 아니라 모든 사람들이 자신의 의사를 표현할 수 있으니까. 하지만 군주정에도 좋은 점은 있어. 좋은 군주는 좋은 정치를 할 수 있으니까."

잠시 숨을 고른 라비는 계속 말을 이었어요.

"선생님이 생각하는 좋은 군주는 민중과 더불어 사는 사람이야. 많은 사람들의 지지를 받고, 많은 사람들의 사랑을 받는 군주를 말하지. 하지만 군주는 사람들에게 사랑을 받지 못하는 경우가 많아. 사람들을 괴롭혀 공포심을 유발하기도 하고, 민중의 신임을 잃기도 해. 그런 군주가 나라를 다스리면 국력도 약해지고 민중의 삶도 힘들어져. 그래서 좋은 군주란 무엇인지, 어떻게 하면 좋은 군주가 되어 권력을 유지할 수 있을지 고민하시는 거지."

"그래서 책을 쓰시는군요."

"어떻게 알았니?"

"그냥요."

동호는 머리를 긁적이면서 그동안 의아하게 여겼던 마키아벨리의 행동을 이해할 수 있었어요.

마키아벨리는 왜 《군주론》을 썼을까?

마키아벨리의 생애를 들여다보면 하나의 의문에 빠집니다. 그는 왜 《군주론》을 썼을까? 하는 점이지요.

난세를 살았던 영웅들의 지침서가 된 《군주론》은 나폴레옹, 히틀러, 무솔리니의 애독서가 되면서 악명 높은 책이 되었고 한때는 금서가 되기도 하였습니다. 후대의 영웅들은 마키아벨리가 주장한 군주의 모습과 매우 닮았다는 것을 우리는 알 수 있습니다.

타락한 교황권에 대한 저항

마키아벨리가 《군주론》을 쓰고자 마음먹었던 첫 번째 계기는 교황권 아래에서 신음하는 자신의 조국 이탈리아에 대한 안타까움 때문이었습니다. 그는 폭력과 독재를 행하며 제멋대로 권력을 휘두르는 교황으로부터 조국을 구출하고 싶었습니다.

그 무렵 교황 알렉산데르 6세가 출현했습니다. 그는 돈과 무력에 집착한 교황이었습니다. 알렉산데르가 처음부터 의도했던 것은 교회를 강화하는 것이 아니라 자신의 아들 보르자의 지위를 높이는 것이었습니다. 하지만 알렉산데르가 죽고 보르자마저 몰락한 후 그 업적을 모두 교회가 이어받게 되었습니다. 결국 그의 업적은 교회의 권력 강화에 쓰였지요.

교황 알렉산데르 6세는 라벤나를 장악하여, 로마에서 아드리아 해에 이르기까지 영토를 넓혔습니다. 중앙 이탈리아의 넓은 영토를 지배한 후 교황의 권한은 강해졌습니다. 교황은 자신의 의지대로 교황권을 행사하였고 그 영향은 여러 도시 및 교황에 종속된 영지까지 강압적으로 미쳤습니다.

교황이 세속에 깊이 빠짐으로써 말썽이 많은 존재가 되었습니다. 교황은 왕이 하는 일을 집행하지 못하게 군주들에게 압력을 가했습니다. 그리고 모든 기독교 나라로부터 돈을 벌어들였습니다. 또한 교황은 짧은 재임 기간을 지내고 빈번하게 교체되었습니다. 교황의 잦은 교체에 따라 세속의 질서 역시 변덕스럽게 바뀌곤 했지요.

교황이 착취를 일삼으면서 국가를 분열하는 것을 마키아벨리는 견딜 수가 없었습니다. 그래서 그는 영명한 군주가 나타나 교황권에 휘둘리지 않는 국가의 자주권을 찾아 주기를 바랐습니다. 그 역활을 피렌체의 메디치 가문이 할 수 있으리라고 생각했습니다. 메디치 가문은 당시 권력을 갖은 교회로부터 호의를 받고 있었습니다. 따라서 메디치가 이탈리아를 다시 일으킬 수 있는 희망의 지도자가 될 수 있을 거라고 여긴 것이지요.

조국 이탈리아를 해방시키고자 하는 열망

마키아벨리는 열강의 틈에 끼어 무너져 가는 이탈리아를 보며 괴로워하였습니다. 열강 중에서도 특히 포병과 기병으로 중무장한 프랑스는 이탈리아의 정치에 자주 간섭하였습니다. 당시 시국은 미켈란젤로의 작품인 율리우스 2세의 동상을 녹여 대포를 만들 정도로 참담하였습니다.

이탈리아인들은 유대인이나 페르시아인보다 더 비참한 노예가 되었습니다. 이탈리아는 지도자와 정부가 없어 침략국에 의해 가리가리 흩어져 약탈당하며 온갖 재난을 겪고 있었지요. 그렇기 때문에 마키아벨

리는 이 모든 문제를 해결할 수 있는 해결사를 기다렸던 것입니다. 그는 영명한 군주가 나타나 롬바르디아 주와 토스카나 주, 나폴리 왕국을 해방시키고 이탈리아의 평화를 찾아 주길 바랐답니다.

마키아벨리는 공화주의자였습니다. 하지만 마키아벨리는 당시 이탈리아가 공화주의로 재건할 수 없다는 것을 잘 알고 있었지요. 그래서 마키아벨리는 메디치 가문과 같은 거대한 권력의 도움을 받아야 한다고 생각했습니다.

나라가 부패하여 스스로 개혁할 수 없을 때에는 군주의 손길이 필요합니다. 과감하게 결정하고 신속하게 추진하는 왕의 결단력이 나라를 더 나은 방향으로 이끌 수 있기 때문이지요. 그런 왕이 나오길 기대하며 마키아벨리는 《군주론》을 완성하였습니다.

마키아벨리가 《군주론》을 쓴 또 다른 이유는 개인적인 욕망 때문입니다. 마키아벨리는 평생 가난하게 살았습니다. 그가 외교관으로 일을 할 때도 경비가 넉넉하지 않아 늘 힘들었지요. 게다가 다시 실직하고 말았답니다. 이렇게 힘든 상황에서 그의 앞에 메디치라는 가문이 나타난 것입니다.

《군주론》은 본래 서간문(특정 대상에게 보내는 편지 형식의 글)입니다. 마키아벨리는 메디치 가문에 접근할 수 있는 방법을 고민하다가 자신의 경험을 바탕으로 하여 국가 경영에 관한 책을 바치기로 결심하고 글을 썼습니다. 그는《군주론》의 서문에서 이렇게 말하고 있습니다.

메디치 전하! 무릇 군주의 은덕을 받고자 애쓰는 사람은 자신이 가장 아끼는 물건이나 그가 가장 좋아하는 것을 가지고 찾아가는 법입니다. (……) 그와 마찬가지로 저도 전하를 뵈면서 전하에 대한 저의 충정을 조금이나마 보일 수 있는 물건들을 바치고자 했습니다. 그러나 제가 가진 것 중에는 직접 겪은 오랜 경험들과 끊임없이 탐구하여 얻은 현명한 조상들의 행적에 관한 지식이 가장 소중함을 알았습니다. 오랫동안 깊이 생각한 끝에 저는 그 지식들을 하나의 작은 책으로 엮어 전하께 드리는 바입니다.

그러면서 그는 '전하께서 그 높은 곳에서 이 비천한 곳으로 눈길을 돌리셔서, 이곳에서 제가 운명의 여신으로부터 공로도 받지 못한 채 얼

마나 가혹하게 괴로움을 겪고 있는가를 알 수 있으시기를' 하며 메디치 가문의 관심을 기대하면서 글을 시작하고 있습니다.

　학자가 통속적인 욕망 때문에 글을 썼다는 이유로 아직까지도 학자들은 마키아벨리를 비난합니다. 그렇다고 해서 작품의 가치가 훼손되는 것은 아닙니다. 정치학에서 《군주론》의 의의는 여전히 빛을 발하고 있습니다.

3

혼자가 아니야

 위대한 궁수(弓手)는 과녁보다 조금 높게 겨냥하여 활을 쏜다.

— 마키아벨리

1 심문

동호와 라비는 넓은 방에 있는 탁자 앞에 앉았어요. 맞은편에는 눈매가 매서운 남자가 노려보고 있었지요. 동호는 그 남자의 눈을 쳐다볼 수가 없었어요. 눈빛이 어찌나 날카롭고 무서운지 꼭 호랑이 선생님 같았거든요.

"다시 한번 묻지. 어디서 왔나?"

"한국이요."

남자는 똑같은 질문만 벌써 세 번째 하고 있었어요.

"의도가 뭐야?"

"아무 의도도 없어요."

똑같은 질문에 동호도 똑같은 대답을 했어요. 그러자 남자가 갑
자기 탁자를 내리치며 일어났어요. 동호는 얼마나 깜짝 놀랐던지
옆에 앉아 있는 라비의 옷깃을 꽉 붙잡았어요. 라비는 동호의 손
을 잡으며 작은 목소리로 괜찮다고 위로했어요. 하지만 동호는 괜
찮지 않았어요. 그 남자가 동호 옆으로 다가왔거든요.

"아무 의도도 없이 동양인이 여기 왜 온 거야?"

남자가 무서운 목소리로 말했어요.

"나쁜 의도가 있었다면 동양인이 여기에 왔겠습니까? 누가 봐
도 동양인인 줄 알잖아요. 이런데 비밀 임무를 어떻게 할 수 있겠
습니까? 더군다나 어린애인데요."

라비가 동호 대신 말했어요.

"시끄러! 넌 이따가 물어볼 테니 잠자코 있어."

남자가 소리를 질렀어요. 동호는 그 남자가 호랑이 선생님과 많
이 닮았다고 생각했어요.

"다시 묻지. 너희 나라에서 너를 보낸 이유가 뭐야?"

"정말이에요. 아무 이유 없어요."

"아무 이유도 없는데 여기 왜 왔냐고?"

동호는 정말 답답했어요. 자신이 첩자라고 오해를 받다니…….

동호는 문득 적당한 이유가 떠올랐어요.

"저는 마키아벨리 선생님을 존경해요. 그래서 선생님을 뵙고 싶어서 온 거예요."

그러자 남자는 얼굴에 비웃음을 띠우며 자신의 자리로 돌아갔어요.

"마키아벨리를 찾아왔다? 저 멀리 있는 한국이라는 나라에서?"

"네. 그렇다니까요."

남자는 갑자기 크게 웃기 시작했어요.

"맹랑한 꼬마이군. 그런 말을 누가 믿어?"

"안 믿어도 상관없어요. 하지만 사실인걸요."

"마키아벨리가 누군지 알고나 하는 소리야?"

동호는 《군주론》에서 읽었던 작가의 생애를 떠올리고 더듬거리며 말했어요.

"마키아벨리 선생님은 스물아홉 살에 군사위원회의 사무국장을 맡으셨어요. 그 일은 외교관과 같은 직책이라서 다른 나라로 자주 출장을 가셨죠. 선생님은 여러 나라를 다녔기 때문에 역사에 대해서도 많이 알고 계세요. 《플루타크영웅전》을 좋아하고 소설과 희곡도 몇 편 쓰셨죠."

"아, 됐어. 그만하면 됐어."

남자는 동호의 입을 막았어요. 라비는 동호를 보고 깜짝 놀라며 눈을 동그랗게 뜨고 쳐다보았어요.

남자는 문 앞을 지키고 있는 군인들에게 동호와 라비를 감옥으로 데려가라고 명령했어요. 동호는 다시 감옥으로 돌아간다는 것이 오히려 기뻤어요. 눈빛이 무서운 남자와 마주 앉아 있는 것은 정말 힘들었거든요.

동호와 라비는 군인을 따라 방에서 나와 긴 복도를 걸어갔어요. 복도 끝에 있는 계단을 내려가는데 어디선가 사람들의 비명 소리가 들렸어요. 그 소리가 어찌나 끔찍한지 멀리서 들리는데도 소름이 쫙 끼쳤어요.

"라비 형."

동호는 라비의 팔을 잡았어요.

"고문을 받고 있는 거야. 정말 잔인한 일이야."

"고문이요?"

동호는 그 자리에 주저앉고 싶었어요. 고문이라니! 한국에 있을 때는 상상도 못한 일이잖아요. 엄마 아빠도 없는 이탈리아에 와서 고문을 당한다면 견딜 수가 없을 것 같았어요.

"괜찮아. 우리들은 심문을 받았잖아. 고문을 받아야 했다면 벌써 그랬을 거야."

라비는 하얗게 질려 있는 동호를 안심시키려고 애를 썼어요. 하지만 동호는 라비의 말을 믿을 수가 없었어요. 여기까지 끌려온 것도, 심문을 당한 것도 라비가 알고 있었던 일은 아니잖아요. 라비도 동호와 마찬가지로 이곳에서 무슨 일을 당할지 모르는 것이 분명했어요.

"안 믿는구나."

"하지만……."

"첩자 맞니?"

"예?"

"아니지?"

"진짜 아니에요. 진짜예요. 믿어 주세요."

"그래. 사실 나도 너에 대해 아는 게 없잖니? 그렇지만 믿을게. 그러니 너도 날 믿어. 우리는 고문 같은 거 당하지 않아."

동호는 말 없이 고개를 끄덕였어요. 이제까지 동호는 엄살이 심한 아이였어요. 아빠와 엄마가 늘 곁에 있었기 때문이죠. 그러나 지금은 엄살을 피워도 받아 줄 사람이 없어요. 동호는 라비 형에게 짐이 되고 싶지 않았어요.

　동호는 마음을 단단히 먹기로 했어요. 그렇게 생각하고 나니 용기가 났어요.

　"라비 형."

　"응?"

　"생각해 보니까 제가 여기 온 건 운명이에요."

　"어린 아이가 그런 것도 알아?"

　"쳇! 너무 무시하지 마세요. 조금 전 마키아벨리 선생님에 대해 말할 때 형도 놀랐잖아요."

　"그건 그래."

　"저는 어리지만 생각이 많았거든요."

　"어떤 생각?"

　"음…… 학교나 선생님에 대해서요."

　"학교? 선생님?"

　"네. 우리 담임선생님에 대해서요."

　"어떤 사람인데?"

"어떤 사람이냐면…… 흠, 우리 반의 군주예요. 호랑이처럼 무서운 군주요."

옆에 있는 군인은 동호와 라비가 대화를 나누는 것이 못마땅했나 봐요. 조용히 하라며 주의를 줬어요. 둘은 대화를 멈추고 서로 쳐다보며 웃었어요.

2 군대가 필요하다고요?

동호는 바닥이 너무 차가워서 등을 대고 잘 수가 없었어요. 그래서 쪼그리고 앉아 무릎에 얼굴을 파묻고 자기로 했어요. 라비도 잠자리가 불편한지 계속 뒤척였어요.

"형, 자요?"

동호가 작은 목소리로 물었어요.

"아니."

"추워서 잠이 잘 안 오죠?"

"선생님이 우리를 여기서 빼 주실 거야. 그러니까 어떻게든 견뎌 보자."

"정말 그럴까요?"

"그럼. 이렇게 나쁜 일이 있었으니 좋은 일도 있어야지."

동호는 라비 옆에 나란히 누웠어요. 여기서 나갈 수만 있다면 찬 바닥 따위는 참을 수 있을 것 같았어요.

"동호는 나중에 뭐가 되고 싶어?"

라비가 물었어요.

"군인이요."

"뭐? 의외인데? 어째서?"

"제가 다른 아이들에 비해 생각이 좀 많아요. 생각이 너무 많으니까 힘들어요. 군인이 되면 좀 단순해지지 않을까요?"

"흠. 그건 좀 이상한 말이네. 넌 담임선생님이 권위적이라 싫어했던 거 아니야? 군대는 권위적인 곳이야."

"그런가?"

라비의 말을 들으며 동호는 고개를 갸웃거렸어요.

"학교가 답답하다고 생각하면서 군인이 되고 싶다는 말은 정말 이상해. 그러고 보니 마키아벨리 선생님도 훌륭한 법과 군대가 필요하다고 말씀하셨구나."

"마키아벨리 선생님이요?"

"응. 선생님은 사람이란 악한 존재라고 하셨어. 그러니까 세상에서 전쟁이 끊이지 않는 거지. 전쟁을 피할 수 없다면 훌륭한 군대가 필요해. 훌륭한 군대가 있어야 훌륭한 법이 있을 수 있고 다른 나라에게 모욕을 당하지 않지."

"형 말을 듣고 보니 제가 생각이 짧았어요. 전쟁과 군대. 군인이 되면 전쟁에 나가서 싸워야 하는데 그런 생각까지는 하지 않았어요. 전 권위적인 것도 싫어하고 전쟁도 싫어하거든요."

"그래. 군대는 전쟁을 수행하기 위해 존재하지. 그래서 군주는 전쟁에 대해 잘 알아야 해. 그러기 위해서는 당연히 군대를 잘 양성해야 하지."

"만약 내가 이곳에서 군인이 된다면 군주의 명령을 따라야 하는군요."

"군인이란 원래 그래. 여기뿐만 아니라 어디서든 마찬가지야."

동호는 잠시 생각에 잠겼어요. 막연하게 군인이 되고 싶다고 생각했어요. 그런데 라비의 말을 듣고 보니 군인이 동호에게 맞는 직업인지 다시 고민해 보는 게 좋을 것 같아요.

"마키아벨리 선생님은 군주는 잔인해야 전쟁에서 승리할 수 있다고 말씀하셨어."

"잔인해야 한다고요?"

"응. 적과 싸워서 이겨야 하잖아. 그러니까 잔인할 수밖에 없지. 예전에 한니발이라는 사람이 있었는데, 그는 모든 전쟁에서 승리를 했어. 그가 전략에 능통하기도 했지만 피도 눈물도 없이 잔인했기 때문이지. 마키아벨리 선생님은 잔인하지 않은 군주는 군대를 단결시킬 수 없다고 보신 거야."

"그래서 전쟁은 무서워요. 그런데 마키아벨리 선생님은 어째서 그런 생각을 하신 걸까요?"

"군주가 진정 그러길 바라서 그런 말씀을 하신 건 아니야. 현실적으로 그럴 수밖에 없다고 생각하신 거지. 현실을 무시할 수는 없으니까. 어쨌든 전쟁을 하게 되면 우리나라가 이겨야 하잖아. 이기기 위해서는 군주가 착하기만 하면 안 되지."

전쟁에 대한 이야기는 동호를 우울하게 만들었어요. 전쟁 자체도 끔찍한데 전쟁을 이끄는 사람까지 잔인해야 한다니요. 더군다나 그것이 군대를 단결시키는 방법이라니!

"휴, 세상은 정말 복잡하군요. 그리고 무섭기도 하고요. 그런데

더 듣고 싶어요."

"무슨 말을?"

"군주와 군대 이야기요."

"무섭다며?"

"잠이 오지 않아 괴로운 걸요. 하지만 형의 이야기는 정말 재미 있어요."

"하하. 그래? 좋아. 잠도 안 오는데 이야기나 하자. 마키아벨리 선생님은 군대의 역할을 강조하셨어. 그리고 세 가지 경고를 내리 셨지."

"경고요?"

"응. 첫째는 용병을 쓰지 말아야 한다는 거야."

"용병이 뭐예요?"

"돈을 주고 고용하는 군인을 말해. 나라의 승리를 위해서 군인 이 된 사람이 아니라, 돈을 받고 전쟁터에 나가는 사람들이야. 그 들은 나라를 지키고자 하는 진정한 마음이 없어. 돈을 받은 대가 로 싸울 뿐이지. 용병은 규율이 문란하고 신의가 없기 때문에 전 쟁에 쓰지 말라고 하신 거야."

"그렇겠네요. 그럼 두 번째는요?"

"동맹을 맺지 말아야 한다고 말씀하셨어."

"동맹요?"

"응. 다른 나라와 협력하는 거지. 군주가 자신의 조국보다 강력한 나라와 동맹을 맺었을 때에는 전쟁에서 이겨도 소용이 없다고 보신 거야."

"왜요?"

"약한 나라의 군주는 강력한 나라의 포로가 될 수도 있으니까."

동호는 고개를 끄덕였어요.

"그럴 수도 있겠어요. 그럼 세 번째는 뭐예요?"

"세 번째는 군주가 중립을 지켜서는 안 된다는 거야. 아군과 적군을 분명히 구분해야 존경을 받을 수 있지."

"전 군주가 되면 무조건 좋을 줄 알았어요. 자신의 뜻대로 다 할 수 있잖아요. 그런데 형 얘기를 듣고 보니 군주도 참 어려운 직업이네요."

"직업? 하하. 그렇구나. 그것도 직업이라면 직업이구나."

"마키아벨리 선생님이 《군주론》을 왜 썼는지 이제야 알겠어요. 군주가 꼭 필요하다는 의미가 아니었어요. 좋은 군주가 되어야 한다는 의미로 쓰신 것이군요."

"뭐?《군주론》?"

라비가 되물었어요. 동호는 씩 웃었어요.

"그런 게 있어요. 형도 나중에 알게 될 거예요."

머지않은 날에 마키아벨리는 《군주론》을 완성하겠죠. 동호는 자신이 예언자가 된 것만 같아 기분이 좋았어요.

3 좋은 일이 있으면 나쁜 일도 있는 거야

누군가 동호의 몸을 흔들었어요. 동호는 너무 피곤해서 일어날 수가 없었어요.

"엄마. 오늘은 학교에 가지 않을게."

동호는 중얼거렸어요.

"뭐야?"

남자 목소리가 들렸어요. 그와 동시에 동호의 머리를 누군가 힘껏 쳤어요. 번쩍 눈을 떴지만 동호는 무슨 일인지 몰라 어리둥절

했어요. 군복을 입은 사람들과 당황한 표정의 라비가 보였어요. 그제야 여기가 어딘지 알 수 있었어요.

동호는 엄마가 보고 싶었어요. 엄마는 늘 동호 편이니까요. 무슨 일을 해도 엄마는 동호를 사랑할 거예요. 그런데 지금 동호가 있는 곳에는 엄마가 없어요. 온통 낯선 사람들이었죠.

동호는 울음을 터뜨리고 말았어요. 동호는 자신이 여느 아이들보다 생각이 많고 어른스러운 아이라고 자부하고 있었는데 그게 아니었나 봐요. 동호는 겁 많고 눈물도 많은 아이였어요.

"조용히 해."

군복을 입은 남자 중 한 명이 다시 팔을 치켜들었어요. 동호는 움찔하여 머리를 숙였어요.

"그만해요. 제발 아이를 때리지 말아요."

라비가 군인을 말렸어요. 그리고 곧장 동호에게 쓰러졌어요. 군복을 입은 남자가 라비를 때린 거예요.

"건방진 것들. 일어나!"

라비는 자신도 아팠을 텐데 동호를 부축했어요.

'동호야, 괜찮아.'

라비가 귓속말로 동호를 위로했어요. 동호는 울먹이면서 라비를 보았어요. 라비의 뺨이 붉게 달아올랐어요.

'괜찮아요?'

동호도 귓속말로 물었어요. 라비는 아무렇지 않다고 대답했어요. 그리고 용기를 내라고 말했죠.

용기. 동호는 그 단어가 굉장히 낯설게 느껴졌어요. 이제까지 한 번도 말한 적이 없는 단어처럼 느껴졌죠.

'용기. 용기를 내.'

동호는 자신에게 외쳤어요. 그리고 더 이상 눈물을 흘리지 않았어요. 지금은 용기를 내야 할 때. 동호는 다짐했어요.

'용기를 내서 부끄럽지 않은 사람이 되어야지. 울보가 되지 말아야지. 겁쟁이도 되지 말아야지.'

동호는 차분하게 일어났어요. 그리고 라비를 보며 미소를 지었어요. 라비가 더 이상 동호를 걱정하지 않게 말이에요.

"왜 이럽니까?"

라비가 군인들에게 물었어요. 군인들은 험상궂은 얼굴로 쳐다봤어요. 그리고 아무 말도 하지 않고 동호와 라비의 등을 방 밖으로 떠밀었어요.

동호는 그들을 따라 복도를 걸어가는 동안 다른 방에 갇혀 있는 사람들을 쳐다봤어요. 어떤 사람은 고문을 심하게 받았는지 얼굴에 온통 피가 묻어 있었어요. 온몸에 소름이 끼쳤어요. 어떤 사람은 아주 슬픈 표정이었어요. 또 다른 사람은 넋이 나간 듯 계속 무슨 말인가를 중얼거리고 있었어요. 어떤 일 때문에 고문을 당했는지 몰라도 그들이 불쌍했어요. 그리고 동호에게도 앞으로 어떤 일이 일어날지 알 수가 없었어요.

복도 끝에 있는 고문실이 보였어요. 동호는 숨을 '흡' 들이마셨어요. 마음을 다잡으려고 해도 몸이 부르르 떨렸어요. 차라리 여기서 정신을 잃은 척할까, 무조건 잘못했다고 빌까…… 별 생각이 다 떠올랐어요.

한 걸음 한 걸음 동호와 라비는 마치 발로 바닥을 더듬듯이 복도 끝까지 걸어갔어요. 앞서 가던 군인들이 다행히 고문실을 지나쳤어요. 동호는 그제서야 안심이 되었어요. 그리고 군인들을 따라 계단을 올라갔어요.

'다시 심문하러 가나?'

동호는 생각했어요. 눈빛이 날카로운 남자를 다시는 만나고 싶지 않았거든요. 그 순간 심문하는 방을 지나쳤어요.

"어디로 가는 겁니까?"

라비가 물었어요. 그러자 군복을 입은 남자가 라비의 머리를 쥐어박았어요.

"아무 말도 하지 마. 누구 덕인지 몰라도 재수 없으니까."

동호와 라비는 서로 쳐다봤어요. 덕이라니, 무슨 말일까요? 아하! 드디어 풀려나나 봐요. 분명 마키아벨리가 그들을 위해 조치를 취한 거예요. 틀림없어요!

동호의 기대는 곧 현실이 되었어요. 그들은 감옥 문을 지나서 밖으로 나왔어요. 문 앞에는 마키아벨리가 그들을 기다리고 있었어요.

"고생했다."

마키아벨리의 말이 끝나기가 무섭게 라비가 그에게 달려가 안겼어요. 라비는 그동안 얼마나 힘들었을까요? 동호를 위해 두려워도 꾹 참았던 거겠죠. 동호는 마키아벨리와 라비에게 달려가 함께 안겼어요. 동호는 이제야 한시름 놓았어요.

그런데 그 모습을 보고 있던 간수가 무엇이 마음에 안 들었는지 바닥에 침을 '퉤' 뱉었어요.

"쳇, 호들갑스럽긴. 얼른 가!"

남자는 퉁명스럽게 말을 하며 마키아벨리의 등을 떠밀었어요.

"무슨 짓인가?"

마키아벨리는 남자의 손을 뿌리치며 소리쳤어요. 그러자 군복을 입은 남자가 험악한 표정으로 마키아벨리를 노려보았어요.

동호는 다시 붙잡혀 갈까 봐 덜컥 겁이 났어요.

"풀려났으면 부리나케 갈 것이지 왜 여기서 부둥켜안고 난리야? 변변찮은 것들이 어쩌다 아는 사람 하나는 잘 두어서……."

마키아벨리가 눈을 부릅뜨며 쳐다보자 군복을 입은 남자는 말을 잇지 못했어요. 마키아벨리는 화가 나서 견딜 수가 없었어요. 거칠게 숨을 몰아쉬며 남자를 계속 노려봤어요. 큰일이 터질 것같이 조마조마한 순간이었어요.

"아니, 그러니까 내 말은……."

군복을 입은 남자는 당황한 기색이었어요. 마키아벨리의 눈빛은 굉장히 무섭고 날카로웠거든요. 만약 동호가 그런 눈빛을 받았다면 너무 무서워서 도망가고 싶었을 거예요.

"상사가 누군가?"

한참 동안 노려보기만 하던 마키아벨리가 근엄한 목소리로 말했어요.

"상사는 왜, 그러니까……."

군복을 입은 남자는 마키아벨리의 눈을 마주 보지 못하고 우물 쭈물하였어요.

"내가 누구인 줄 알고 이렇게 무례하게 행동하는가? 군기가 빠졌군. 어서 상사를 불러와!"

"죄, 죄송합니다."

"이미 늦었어. 사과로 끝날 일이 아니야. 상사에게 직접 말해야 겠어. 네가 이곳에서 일을 할 수 없도록 만들어야 내 마음이 풀리 겠어."

동호는 방금 전까지 군복을 입은 남자가 굉장히 무서웠지만 지금은 불쌍해 보였어요. 그래서 마키아벨리가 저 남자의 사과를 받았으면 했어요. 하지만 마키아벨리는 계속 남자를 몰아세우며 이름을 말하라고 했어요. 그런 마키아벨리를 보며 동호는 문득 담임 선생님이 떠올랐어요.

'저 사람에게 왜 저렇게 무섭게 대하는 거야?'

동호는 이 순간 만은 마키아벨리를 좋아할 수 없었어요. 잘못을 인정하는 사람에게 이렇게 심하게 대할 필요는 없잖아요.

"형, 선생님을 말리면 안 돼?"

동호는 라비에게 속삭였어요.

"말려서 될 일이 아니야. 선생님은 저렇게 기강이 해이해진 자들을 잔혹하게 다루어야 한다고 생각하셔."

잔혹하게? 동호는 '잔혹'이라는 단어를 듣는 것만으로도 무서웠어요. 다른 사람을 잔혹하게 대하는 건 옳고 바른 관계가 아니잖아요. 그런데 어째서 마키아벨리는 잔혹하게 사람을 다뤄야 한다고 생각하는 걸까요? 동호는 아무리 노력해도 이해할 수가 없었어요. 마키아벨리에게 더 깊은 뜻이 있는 걸까요?

라비는 작은 목소리로 말했어요.

"누군가를 부드럽게 대하면 상대는 나를 우습게 보는 경우가 있어. 선생님은 군주가 우습게 보여서는 안 된다고 생각하셔. 잔혹한 군주에게는 복종을 하지만 그렇지 않은 군주에게는 복종을 하지 않는다고 생각하시는 거야. 저 남자가 왜 선생님 등을 떠밀고, 우리 앞에서 바닥에 침을 뱉었겠어? 다 우리를 우습게 보았기 때문에 그런 거야. 그래서 선생님은 저 남자에게 잔혹한 면을 보여 줘야 할 필요가 있다고 판단하신 거지."

"그렇구나. 하지만 저 사람이 너무 난처해 하잖아요. 다른 사람을 힘들게 하면서까지 잔혹할 필요가 있을까요?"

"그렇지 않으면 저 사람이 우리를 잔혹하게 대할 텐데?"

"서로 존중하면 좋을 텐데……."

"모든 사람이 너처럼 생각하고 행동하지는 않아. 그게 문제라는 거야."

동호와 라비가 이야기하는 동안 군복을 입은 남자는 눈물을 흘리며 마키아벨리에게 사과를 했어요. 그제야 마키아벨리는 집으로 돌아가자고 말했어요.

"죄송합니다. 선생님, 죄송합니다."

그 남자는 계속 사과를 했어요.

'아까는 침까지 뱉더니 지금은 저렇게 굽실거리나?'

동호는 마음이 불편했어요. 사람을 잔혹하게 다루어야 한다고 생각하는 마키아벨리의 생각도 마음에 들지 않았고, 엄하게 대하니까 사과를 하는 군복 입은 남자도 마음에 들지 않았어요. 남자의 태도를 보면 마키아벨리의 생각이 맞는 것 같거든요. 마키아벨리의 주장대로라면 동호의 담임선생님이 아이들을 무섭게 다루는 것도 받아들여야 하잖아요.

동호와 라비는 마키아벨리의 집으로 돌아왔어요. 동호는 마키아벨리의 집이 오래전부터 살았던 것처럼 익숙했어요.

"오빠! 얼마나 걱정했는지 알아?"

집에서 기다리고 있던 여자아이가 라비를 껴안았어요. 그리고는 아픈 곳은 없냐, 무슨 일을 당했냐 하면서 이것저것을 물어봤어요. 하지만 그 옆에 서 있는 동호에게는 말 한마디도 건네지 않았어요. 동호는 섭섭했지만 어쩔 수 없었죠. 여자아이의 이름이 레이아나라는 것 정도 밖에 아는 것이 없었으니까요.

"운이 좋았단다. 예전에 군사위원회에서 일할 때 부하였던 사람이 그곳의 책임자더구나. 그래서 너희들을 빼낼 수 있었지."

마키아벨리는 의자에 앉으며 말했어요. 레이아나는 그 옆에 서서 다른 사람들이 눈치를 채지 못하게 동호를 노려보고 있었어요. 동호는 레이아나의 눈치를 보느라 마키아벨리의 말에 집중할 수가 없었어요.

"고맙습니다. 선생님."

라비가 마키아벨리에게 인사를 했어요. 동호도 고맙고 또 죄송하다고 인사를 건넸어요.

"아니다. 이 나라에 온 손님을 그렇게 대접했으니 오히려 내가 미안한걸."

"하지만 제가 아니었다면 라비 형도 감옥에 갇히는 일은 없었잖아요."

"라비는 나의 수제자지. 영리할 뿐만 아니라 마음도 착하단다. 그러니 라비도 너를 탓하지 않을 거야. 그렇지?"

"네, 선생님. 동호의 잘못이 아니니까요."

마키아벨리와 라비가 그렇게 말해서 동호는 정말 고마웠어요. 그러나 자신을 노려보고 있는 레이아나 때문에 마음 한구석이 계속 불편했어요. 그런 와중에도 동호는 레이아나가 인형처럼 예쁘다고 생각했답니다.

'자세히 보니 진짜 예쁘게 생겼네. 코가 진짜 오뚝하다. 저 긴 눈썹은 어떻고……'

레이아나가 입술을 실룩거리더니 갑자기 소리를 질렀어요.

"뭘 봐!"

동호는 황당했어요. 계속 쳐다보고 있었던 건 바로 레이아나였거든요.

"아, 난……"

"레이아나, 왜 그렇게 말하는 거니?"

"난 이 애가 마음에 안 들어요. 이 애 때문에 오빠가 감옥까지 갔다 왔잖아요!"

"그건 동호의 잘못이 아니잖니?"

"어쨌든 싫어요."

레이아나는 벌떡 일어나 방으로 들어갔어요. 레이아나가 자신을 싫어한다는 것을 알게 된 동호는 마음이 아팠어요.

"신경 쓰지 말거라. 레이아나가 라비를 생각하는 마음이 아주 깊어서 그래."

"네."

동호는 대답했어요. 하지만 레이아나의 행동이 계속 신경이 쓰이는 건 어쩔 수가 없었어요.

"일어나."

푹신한 침대에 눕자마자 잠이 들었던 동호는 레이아나가 깨우는 소리에 눈을 떴어요. 창밖은 아직도 어두웠어요.

"으음, 뭐야? 아직 아침이 아니잖아."

"그래서 깨우는 거야."

"뭐?"

"빨리 일어나."

동호는 레이아나의 성화에 못 이겨 침대에서 몸을 일으켰어요.

레이아나는 동호에게 망토를 건네주며 입으라고 했어요.

"이건 왜?"

"넌 동양인이라 너무 눈에 띄잖아. 이거라도 입으면 덜할 거야. 그러니까 입어."

"아니, 집에서 이걸 왜 입어?"

"이제 곧 밖으로 나갈 거니까."

동호는 레이아나의 말을 이해할 수가 없었어요. 그래서 눈만 깜박거리며 다음 말을 기다렸어요.

"멍청이. 그만 여기서 나가 줘."

"뭐?"

"삼촌이나 오빠에게 피해만 입혔잖아. 그런데도 계속 여기에 있는 게 부끄럽지도 않니?"

동호는 레이아나의 말에 너무 화가 났어요. 얼굴이 화끈 달아오를 정도였지요. 하지만 아무 대꾸도 할 수가 없었어요. 레이아나는 계속 다그쳤어요.

"너도 내 말이 맞다는 것은 알고 있잖아. 어서 망토 입어."

촛불에 비친 레이아나의 얼굴은 작은 악마 같았어요. 동호는 서러운 감정이 복받치는 것을 참으며 말 없이 망토를 걸치고 밖으로 걸어갔어요. 나가기 전, 다시 동호를 붙잡지 않을까 하는 기대에 뒤돌아보았지만 레이아나는 그 자리에 선 채 "잘 가" 하고 짧게 인사를 했어요.

"그래. 잘 있어. 레이아나."

어떤 군대가 바람직한가?

마키아벨리는 인간이 사악하다고 생각합니다. 그의 말대로라면 착한 사마리아인은 존재하지 않지요. '인간이란 본래 상대를 대할 때 이리와 같다' 고 말한 근대 철학자 홉스는 마키아벨리의 사상을 이어받은 제자라고 할 수 있습니다.

인간은 사악하기 때문에 늘 다투고 이 다툼이 커지면 전쟁을 합니다. 따라서 인간은 전쟁을 피할 수 없습니다. 전쟁을 뒤로 미루는 것은 적을 이롭게 하고 군주에게 불이익을 가져옵니다. 인류의 역사에는 피하지 말아야 할 전쟁을 피했기 때문에 일어난 비극이 굉장히 많지요.

마키아벨리가 보기에 당시 이탈리아에서 왕좌를 잃은 사람들의 공통점은 그들이 가진 군대에 결함이 있었다는 것입니다. 모든 국가는 기본적으로 훌륭한 법과 군대를 기반에 두어야 합니다. 훌륭한 군대가 없는 곳에는 훌륭한 법이 있을 수 없고, 반대로 훌륭한 군대가 있어야만 훌륭한 법이 있는 것이지요.

따라서 영명한 군주는 전쟁과 전술에 관한 것 이외에 다른 것에 전념해서는 안 됩니다. 군주가 권세와 명성에 집착하다 보면 통치자의 분신인 군대의 힘이 약해지기 때문입니다.

만약 군주가 훌륭한 업적을 이루고자 한다면 무엇보다도 먼저 군주의 군대를 양성해야 합니다. 왜냐하면 자신의 군대보다 더 믿음직스럽고 진실하며 탁월한 군대는 없기 때문입니다.

설령 예언자라고 하더라도 무기를 들어야만 성공하는 것이지, 무기가 없다면 멸망하기 마련입니다. 또한 인간의 본성은 변하기 때문에 국민들을 설득했다고 하더라도 그 상태를 유지하기는 어렵습니다. 따라서 국민이 예언자를 더 이상 믿지 않을 때 그는 무력을 통해서라도 국민들이 자신을 믿게 해야 하는 것이지요.

전쟁은 피할 수 없는 아픔

전쟁을 하는 과정에서 반드시 알아 두어야 할 사실은 군주는 잔혹해야 한다는 것입니다. 적과 경쟁에는 두 가지 방법이 있는데 하나는 법에

의한 방법이고, 다른 하나는 폭력에 의한 방법입니다.

법에 의한 방법은 인간에게 적절하고, 폭력에 의한 방법은 동물에게 적절합니다. 그러나 법만 가지고 국민을 다스리기에는 충분하지 못한 경우가 많기 때문에 폭력적인 방법을 써야 할 때도 있습니다. 그러므로 군주는 짐승을 다루는 방법과 인간을 다루는 방법을 구분할 줄 알아야 합니다.

국민들이 군주를 잔혹하다고 비판해도 군주는 개의치 않아야 합니다. 그렇지 않다면 군대를 단결시키고 전쟁을 대비할 수 없기 때문입니다.

마키아벨리는 군주의 잔혹성에 대해 한니발을 예로 듭니다. 한니발은 많은 군대를 거느렸고 온갖 부류의 인간을 한데 모아 부대를 조직했습니다. 다양한 사람들이 한니발의 부대에 모였음에도 불구하고 한니발에게 반발하는 자는 없었어요. 마키아벨리는 그 이유를 한니발이 피도 눈물도 없는 잔인한 인간이기 때문이라고 말합니다.

마키아벨리가 가장 높이 평가한 부대는 스위스 군대였습니다. 심지어 1515년 마리냐노 전투에서 스위스가 참패를 당했을 때에도 마키아벨리는 여전히 스위스 군대가 최고의 군대라고 평가할 정도였습니다. 그는 시민군으로 이루어진 스위스 군대에 많은 관심을 가졌어요. 그들은 프랑스나 독일의 용병이 되지 않고 자국 군대의 의사에 따라 이탈리아를 침략했습니다. 마키아벨리는 실제로 스위스가 이탈리아의 실권을 잡지 않을까 걱정했지요.

기병이나 포병보다 보병을 특히 우수하게 평가한 마키아벨리는 전쟁과 군대에 관해 다음과 같은 세 가지 경고를 주었습니다.

첫째, 용병을 쓰지 말아야 합니다. 용병은 대가를 지불하고 고용한 군인을 말합니다. 용병으로 이뤄진 군대는 단결하지 못하고 본인의 사리사욕만 채우려 하기 때문에 규율이 문란하고 신의가 없습니다. 그들은 신을 경외하지 않고 인간에 대한 신의를 지키지 않습니다. 그러한 군대에 기반을 두고 있는 군주는 매우 불안정합니다.

둘째, 동맹을 맺지 말아야 합니다. 군주가 강력한 나라와 동맹을 맺었을 경우 동맹국이 전쟁에서 승리한다면 군주는 그 나라의 포로나 마찬가지일 것입니다. 차라리 동맹을 맺지 않았다면 패전국의 호의를 받아 서로 돕는 관계가 되었을지도 모릅니다. 하지만 동맹을 맺음으로써 동맹자의 적으로부터 원한을 살 수 있는 것이죠.

셋째, 중립을 지켜서는 안 됩니다. 군주는 동지냐 적이냐를 분명히 할 때 존경받을 수 있습니다. 두 나라가 싸울 때 그 가운데에서 분명한 태도를 취하지 않고 중립을 지키다가는 자칫 정복자의 먹이가 될 수 있지요. 정복자는 자신이 위험에 빠질 때 도와주지 않는 사람을 동지로 원하지 않으며, 패자 또한 자신과 함께 싸우지 않았던 군주를 동지로 받아들이지 않습니다.

4

마키아벨리,
군주론을 완성하다

 고민만 하면서 책을 읽지 않는 사람이 가장 위험하다.

— 공자(孔子)

1 이상한 아이

온몸을 망토로 감싼 동호는 16세기 이탈리아 피렌체의 거리를 정처 없이 걸었어요. 어디로 가야 할지 모르고 어떻게 해야 할지도 몰랐어요.

"한국에 돌아갈 수만 있다면 좋을 텐데."

동호는 중얼거렸어요.

"엄마가 해 주는 김치찌개가 먹고 싶어."

또 중얼거렸어요.

"친구들은 지금쯤 뭘하고 있을까?"

동호는 혼잣말을 하고 싶지 않았어요. 하지만 뭔가 말하지 않으면 너무 외로워서 견디기 힘들었어요.

"곧 돌아갈 수 있을 거야. 라비 형이 말했잖아. 나쁜 일이 있으면 좋은 일도 생길 거라고. 정말 그럴 거야."

날이 밝아지면서 음산했던 거리도 조금씩 밝아졌어요. 사람들이 거리를 지나다니기 시작했어요. 동호는 모자를 푹 눌러썼어요. 그리고 손으로 입과 코를 막았어요. 그때였어요.

"이봐!"

"흡……."

누군가 어깨를 잡는 바람에 소스라치게 놀란 동호는 비명이 나올까 봐 손으로 입을 막았어요. 낯선 사람에게 신분을 들켰다가 또 감옥에 가게 되면 이젠 정말 도리가 없거든요.

동호의 어깨를 잡은 사람은 허리가 굽고 얼굴에는 버짐이 가득한 노파였어요. 옷은 꼬질꼬질했고, 동호의 코앞에 바짝 들이대고 있는 입에서는 역한 냄새가 났어요. 동호는 입을 막고 있는 손으로 코까지 막았어요. 그리고 이곳 사람처럼 말하려고 노력했어요.

"왜 그러십니까?"

"돈 좀……."

"네?"

"아니. 무, 물을 좀……."

"네? 물 없는데요?"

"그럼 뭐라도 내놔!"

노파는 갑자기 태도가 돌변해 동호의 멱살을 잡고 벽 쪽으로 거
칠게 밀어붙였어요. 그리고 동호의 어깨를 마구 흔들더니 망토를
벗기고 주머니를 뒤지려고 했어요. 동호는 덜컥 겁이 나서 망토를
움켜쥐고 필사적으로 저항했어요. 노파에게서 벗어나기 위해 동
호는 몸부림을 쳤어요. 노파는 힘이 셌어요. 동호는 무서워서 눈
물이 나오려고 했어요. 소리를 질러 도움을 요청할 수도 없었어
요. 그러다가 정체가 탄로 날 테니까요. 하지만 대책 없이 당하고
있을 수는 없었어요. 이러다가 정말 노파에게 흠씬 두들겨 맞을
것만 같았거든요.

동호는 주변을 둘러보았어요. 후미진 골목 끝에 웅크리고 있는
몇 사람이 보였어요.

"여기요! 저 좀 도와주……."

그들은 동호의 목소리를 듣고 주변을 둘러보았어요. 그 순간 동

호는 숨이 턱 막혔어요. 그들은 길바닥에 쓰러져 있는 한 사람을 에워싸고 그 사람의 옷을 뒤지고 있었어요. 동호가 처음 이곳에 도착했을 때 낯선 아이들이 그랬던 것처럼 저 부랑자들도 누군가를 약탈하고 있었던 거예요. 동호는 이제야 알았어요.

'마키아벨리는 이런 시대를 살았구나. 굶주린 노인이 어린 아이를 약탈할 만큼 부패하고 타락한 시대를 말이야.'

부랑자들은 쓰러진 사람을 버려 놓고 동호에게 다가오고 있었어요. 노파는 부랑자들을 힐끔 쳐다보더니 소리쳤어요.

"이 아이는 내 것이야! 건드리지 마! 오지 마."

부랑자들이 거들먹거리며 대답했어요.

"굶어죽게 생겼는데 네 것, 내 것이 어디에 있어? 나도 좀 살아야지. 안 그래, 노인네?"

"당신도 저렇게 되고 싶지 않으면 저리 가. 그 아이는 이제 우리 거야."

동호는 마키아벨리가 간수를 대했던 모습이 떠올랐어요. 담임 선생님이 반 아이들에게 하던 모습도 떠올랐어요. 동호는 마음을 가다듬고 결심을 했어요.

'어쩔 수 없어. 어쩔 수 없는 일이야.'

동호는 배에 힘을 잔뜩 주고 굵은 목소리로 호통을 쳤어요.

"내가 누군지 알고 이러는 게냐!"

노파는 콧방귀를 뀌었고 부랑자들은 낄낄댔어요.

"어라? 꼬마 녀석이 까부는군."

동호는 책에서 보았던 이름을 떠올렸어요.

"길거리를 어슬렁대는 인생이라도 메디치라는 이름 정도는 알고 있겠지?"

순간 저쪽에서 다가오던 부랑자들이 걸음을 멈췄어요. 노파도 놀란 얼굴이 되었죠.

"메디치라고?"

"흥. 개나 소나 다 메디치라지, 요즘은."

"전하의 이름을 함부로 부르다니! 너희들 얼굴을 똑똑히 기억해야겠구나. 형벌이 두렵지 않은가 보지?"

"네까짓 게 메디치를 어떻게 알지?"

"무엄한 것 같으니! 너희들 같은 부랑자들이 감히 내 존위를 물어! 정녕 참형을 당하고 싶은 게냐! 내 너희 얼굴을 꼭 기억하여 반드시 교수대에 올릴 것이다! 이름이 뭐냐? 이름을 대! 이 사악한 것들아!"

동호는 흥분하여 말하면서도 그 내용이 너무 끔찍해서 가슴이 두근거렸어요. 하지만 떨면 안 돼요. 여기서 들키면 이젠 정말 큰일이 나는 거예요.

노파는 잡고 있던 동호의 멱살을 놓고 뒷걸음질을 치면서도 의심스러운 눈초리를 거두지 않았어요.

"아아, 이래서 마키아벨리 선생님께서 법을 강화해야 한다고 말씀했던 거구나. 내 당장 가서 전하께 선생님의 말씀을 들으라고 고하겠다. 아직도 이름을 안 대고 뭐하는 게냐! 이름이 뭐냐!"

동호는 자신도 모르게 감정이 격해져서 펄쩍펄쩍 뛰었어요. 그때 부랑자 무리의 뒤에 서 있던 노인이 앞으로 나오며 나지막이 물었어요.

"마키아벨리라고?"

"어디서 선생님 존함을 함부로!"

"네가 그분의 제자냐?"

"선생님 이름을 함부로 입에 올리지 말랬지!"

심각한 분위기에서 부랑자들과 노파가 수군댔어요.

"마키아벨리가 누구야?"

"중요한 사람이야?"

부랑자 노인이 한숨을 쉬며 대답했어요.

"외교관으로 있던 분인데 근래 메디치 가의 고문이 되려고 메디치에 접촉했다는 소문이 있다. 말해라. 그분의 이름을 네놈이 어떻게 아느냐?"

"귀는 제대로 있나 보군. 맞다. 내가 그분의 제자다."

노인은 또 다시 땅이 꺼질듯이 한숨을 쉬었어요.

"애들아, 그리고 노인."

"에, 예?"

"왜?"

"다치기 싫으면 어서 바닥에 엎드려라. 마키아벨리란 이름을 아는 거 보면 메디치 가와 관계가 있는 분이시다."

"헉! 뭐라고?"

말을 마친 부랑자 노인은 바닥에 고꾸라지 듯이 잽싸게 엎드렸어요. 그러자 쭈뼛쭈뼛 눈치를 보던 다른 부랑자들도 바닥에 납작 엎드렸지요.

동호는 가슴을 쓸어내리며 마지막 한마디를 뱉고 그곳을 떠났어요.

"김동호. 이 이름을 기억해라. 조만간 너희들이 이 이름을 부르며 고통스런 비명을 지를 날이 올 것이다."

동호는 그곳을 얼른 떠났어요.

"앗! 뭐지?"

갑자기 동호의 눈앞에 광장이 나타났어요. 동호는 깜짝 놀랐지요. 좁은 길 끝에 이렇게 넓은 공간이 있을 거라고는 예상하지 못했거든요. 동호는 광장 안으로 들어섰어요. 그리고 걸음을 멈췄어요. 광장에는 웅장하고 아름다운 건물이 있었어요. 동호는 이제까지 이렇게 아름다운 건물을 본 적이 없었어요.

"와!"

동호는 자신의 처지도 잊어버린 채 건물의 벽을 따라 한 바퀴를 돌았어요. 푸른빛을 띤 벽에는 멋진 창문들이 많았어요. 솜씨 좋은 예술가가 조각한 작품도 있었지요.

"뭐지? 궁궐은 아닌 것 같은데."

동호는 건물 안으로 들어가 보고 싶었어요. 외관이 이렇게 멋진데 내부는 얼마나 멋질지 정말 궁금했어요. 동호는 문득 하고 싶은 일이 떠올랐어요.

"군인보다는 건축가가 좋겠다. 이렇게 아름다운 건물을 만드는 사람. 좋아, 한국에 돌아가면 건축가가 되기 위해 열심히 공부해야지."

그렇게 다짐하고 나니 기분도 한결 나아졌어요. 어쨌든 동호는 꿈을 가지게 되었잖아요.

"그렇지만 당장 어디에서 지내야 하지?"

동호는 지난 며칠간 너무 많은 일을 겪었기 때문에 매우 피곤했어요. 푹신한 침대에서 잠을 잘 수만 있다면 아무것도 바랄 게 없었어요.

광장으로 점점 많은 사람들이 들어오고 있어요. 동호는 힘들게 몸을 일으켜 다시 걷기 시작했어요. 바닥이 울퉁불퉁해서 걸음을 뗄 때마다 발이 너무 아팠어요.

"용기가 필요해."

동호는 용기를 내야 한다고 계속 되뇌었어요.

"감옥까지 갔다 왔잖아. 이 정도쯤이야."

하지만 동호의 뺨에서 눈물이 흘러내렸어요.

얼마나 걸었을까요? 걷다 보니 익숙한 길에 왔어요. 그 길을 따라 조금만 가면 마키아벨리의 집이 나와요.

동호는 잠시 심호흡을 했어요. 의도하지 않았는데 다시 그 집 앞에 오게 된 거에요. 이건 다시 마키아벨리의 집으로 돌아가라는 의미가 아닐까요?

방과 침대가 있는 곳, 선생님과 라비가 있는 곳. 냉정한 레이아나가 떠올랐지만 동호는 지푸라기라도 잡고 싶은 심정이었어요. 동호는 빠르게 걷기 시작했어요.

"쫓겨나더라도 인사는 하고 가야지."

동호는 변명을 했어요. 인사도 없이 떠난다면 선생님과 라비가 동호를 버릇없는 아이로 생각할 거라고요.

동호는 현관 앞에서 잠시 망설였어요. 노크를 해야 할지 말아야 할지 알 수 없었거든요. 일단 조심스럽게 문을 건드렸어요. 놀랍게도 문이 '끼이익' 하며 열리는 것이에요.

"그래. 이건 인사를 하고 가라는 뜻이야."

그렇게 마음을 추스르며 동호는 집 안으로 들어갔어요. 아직 아무도 일어나지 않아서 사방은 조용했어요. 동호는 조심히 발소리를 내지 않고 방으로 들어가 침대에 누웠어요.

"레이아나가 화를 많이 내겠지."

동호는 중얼거리며 눈을 감았어요. 그때, 방문이 열리는 소리가 들렸어요. 혹시 레이아나일까요? 동호는 얼른 잠자는 척하며 코까지 골았어요.

"동호야."

마키아벨리였어요. 동호는 눈을 뜨고 쳐다봤어요.

"돌아왔구나. 새벽에 방문이 열려 있는 것을 보고 깜짝 놀랐단다. 네가 아무 인사도 없이 가 버린 줄 알았어. 어딜 혼자 다녀온 거니? 걱정했잖아."

동호는 레이아나와 있었던 일에 대해서는 이야기하지 않기로 결심했어요. 그래서 산책을 다녀왔다고 거짓말을 했어요.

"고향이 그리웠구나."

"네."

"그렇겠지. 아직 어리니까 부모님도 보고 싶을 테고."

"……."

"그래. 조금 더 자라. 밤새 잠을 설쳤을 테니까."

마키아벨리는 동호의 이마를 쓰다듬으며 부드럽게 말했어요.

"선생님."

동호는 돌아서는 마키아벨리를 불러 세웠어요.

"왜 그러니?"

"선생님은 유명하신 분이에요."

"무슨 말이냐?"

"선생님이 쓰신《군주론》은 미래에 많은 사람들이 읽게 돼요."

마키아벨리는 깜짝 놀란 표정을 지었어요.

"어떻게 알았니? 내가 쓰고 있는 글의 제목이《군주론》이라는 걸. 바로 오늘 새벽에 생각한 건데."

"선생님은 유명한 분이라고 했잖아요."

동호는 그렇게 말한 뒤 이불을 덮고 누웠어요.

"너는 정말 이상한 아이로구나."

마키아벨리가 말했어요. 동호는 그 말을 미처 듣지 못했어요. 눕자마자 잠이 들었거든요. 아주 깊고 편안한 잠이었어요.

2 아름다운 두오모 성당

"여기가 두오모 성당이란다. 1292년에 짓기 시작해서 1436년
에 완공한 거야. 정말 아름다운 성당이지?"

동호는 잠에서 깨자마자 자신이 보았던 아름다운 건물에 대해
마키아벨리에게 물었어요. 마키아벨리는 그 건물이 두오모 성당
이라는 사실을 단번에 알아차렸지요. 그래서 네 사람은 두오모 성
당으로 나오게 되었답니다.

동호는 작은 목소리로 '두오모 성당'이라고 되뇌었어요. '두오

모 성당'을 잘 기억했다가 한국에 돌아가면 책을 찾아볼 생각이에요.

"안에 들어가도 돼요?"

"그럼."

그들은 두오모 성당 안으로 들어갔어요. 성당 안은 넓고 천정이 높았어요. 창으로 햇볕이 가득 들어와서 실내가 밝은 빛을 뿜는 것 같았어요. 정말 아름다웠죠.

동호는 그림과 조각들을 유심히 살펴보았어요. 그림을 보니 화가가 되고 싶었어요.

'꿈은 많을수록 좋으니까.'

동호는 꿈이 많다는 것을 긍정적으로 생각했어요.

"다 같이 나오니 좋구나. 카페에 가서 차 한 잔씩 마실까?"

마키아벨리는 두오모 성당이 보이는 노천카페로 아이들을 데려갔어요. 야외 테이블에서 차를 마셨어요. 바람이 쌀쌀했지만 바깥 분위기가 좋았어요.

"그런데 레이아나는 온종일 말이 없네. 무슨 일 있었니?"

라비가 커피를 마시다 말고 레이아나에게 물었어요. 동호는 레이아나를 잠깐 쳐다봤으나 모르는 척하며 마키아벨리에게 질문을 했어요.

"어떤 군주가 좋은 군주예요?"

"그게 왜 궁금하니?"

"선생님께 직접 들을 수 있는 기회니까요."

"무슨 소리냐?"

"책으로 읽는 것도 좋지만 진짜 선생님의 생각을 듣고 싶어요."

"이상한 아이야. 참."

마키아벨리는 장난스럽게 말했어요.

"군주는 심성이 좋아야 하지. 인자하고 인간적이며 정직하고 종교적이어야 해."

"와! 군주는 완벽한 사람이군요."

"그래야 한다는 거지. 하지만 대부분의 군주는 그렇지 않단다."

"그래요?"

"그래서 《군주론》을 쓰는 거야. 그런 심성을 가져야 한다는 것을 가르쳐 주려는 것이지."

"심성만 좋으면 좋은 군주예요?"

"아니다. 군주로서 처신도 잘해야겠지."

"어떻게요?"

"일단 적으로부터 자신을 보호할 수 있어야 해. 그리고 동지들을 규합할 수 있어야 하고, 수단과 방법을 가리지 않고 전쟁에서 승리해야 한단다. 또 군대가 자신을 따르고 존경할 수 있도록 처신해야겠지? 백성들은 군주를 사랑하면서도 두려운 존재가 되도록 만들어야 할 테고."

동호는 마키아벨리의 마지막 말이 이해가 안 됐어요. 사랑하면서도 두려워하게 만들다니요? 그런 것이 가능할까요?

"왜 꼭 군주를 두려워하게 만들어야 하는 거죠?"

동호가 생각 끝에 마키아벨리에게 물었어요. 그러자 레이아나가 툭 끼어들었어요.

"야, 커피 좀 마시자."

"레이아나!"

마키아벨리가 레이아나를 나무랐어요. 레이아나는 아무 말도 하지 못하고 입술을 삐죽거리며 고개를 돌렸어요.

"미안해, 레이아나. 그런데 선생님 말씀이 재미있어서 그런 거야. 조금만 시간을 줘."

"쳇! 착한 척하기는!"

"레이아나!"

이번에는 마키아벨리와 라비가 동시에 소리쳤어요.

"왜 나한테만 그래요?"

레이아나는 정말 화가 났어요. 벌떡 일어나서 혼자 성당으로 가 버렸어요.

"제가 가 볼게요."

라비가 레이아나의 뒤를 따라갔어요. 동호는 미안해서 얼굴을 들 수가 없었어요. 자신 때문에 레이아나가 자꾸 야단을 맞는 것 같아서요.

"괜찮다, 괜찮아. 마음 쓰지 말거라. 아까 무슨 이야기를 하다 말았더라? 아, 그렇지. 두려워하도록 만드는 거."

"네. 이해가 잘 안 돼요."

"군주는 사랑과 두려움을 동시에 받아야 한단다. 사랑과 두려움 중에 더 우선인 것은 사람들이 군주를 두려워하도록 만들어야 한다는 거야. 사람들은 은혜를 모르고 변덕스럽기 때문이지. 군주를 두려워하면 함부로 군주에게 반항할 수가 없어."

"하지만……."

동호는 마키아벨리의 말을 인정할 수가 없었어요. 호랑이 선생님도 그런 생각을 가지고 있었던 걸까요? 아이들이 두려워하도록 하는 것이 아이들에게 사랑받는 것보다 낫다는 생각 말이에요. 어째서 사랑을 받기보다 두려움을 가지게 하는 것이 좋다는 걸까요? 동호는 혼란스러웠어요.

"선생님은 사람을 믿지 않으시죠? 그들은 배신을 잘하는 연약한 존재라고 여기시니까요. 그래서 군주가 강해야 한다고 생각하시는 거죠?"

"그래. 나는 사람들이 선하다고 생각하지 않는단다."

"제 생각은 그렇지 않아요. 사람들은 서로 믿어야 해요. 그리고 누구든지 사랑을 받는 것이 가장 좋다고 생각해요."

"너에게 나의 생각을 강요하는 것은 아니야. 넌 군주가 아니니까. 지금까지 내가 말한 것은 군주가 갖춰야 할 덕목이지."

동호는 더 이상 말하지 않았어요. 동호는 많은 것을 알지 못하니까요. 그래서 결심을 했어요.

'한국에 돌아가면 《군주론》을 처음부터 끝까지 전부 읽을 거야. 그리고 생각이 깊은 아이가 될 거야.'

3 메디치에게 바치는 책

집으로 오는 길에 마차를 탔어요. 먼 길은 아니었지만 종일 시내를 돌아다니느라 피곤했거든요.

"와! 말이 생각보다 빨리 달리는데요?"

"동호는 뭐든지 신기한가 보구나."

라비가 말했어요.

"형도 우리나라에 오면 나처럼 될 걸요. 뭐든 신기하고 재밌을 거예요."

"그런가? 언젠가 네가 사는 곳을 가 봐야겠구나."

"그러면 정말 좋을 텐데……."

동호는 말끝을 흐렸어요. 이곳 사람들이 한국에 온다고 하여도 동호가 사는 시대는 아닐 거예요. 지금 이곳은 16세기니까 한국은 아마 조선시대겠죠?

'그럼 여기서 배를 타고 한국으로 가면 조선 시대로 갈 수 있는 건가? 조선에 가면 우리 조상들이 어떻게 살았는지 직접 볼 수 있겠네.'

동호는 그런 생각을 하며 싱긋 웃었어요.

"무슨 생각을 하고 있니?"

라비가 물었어요.

"시간이 흐른 뒤에 피렌체에 다시 오고 싶다는 생각을 했어요."

동호가 대답했어요. 그리고 생각했어요.

'현대의 피렌체겠지만요.'

집에 도착하자 마키아벨리는 서재로 들어갔어요. 라비는 간단한 저녁을 만들기 위해 부엌에서 불을 지피기 시작했어요. 동호는 레이아나가 방으로 들어가려는 것을 붙잡았어요.

"얘기 좀 하면 안 될까?"

"안 돼."

"그러지 말고."

동호는 애원하듯이 말했어요.

"너랑 할 이야기가 없어. 그리고 넌 내 말을 듣지 않잖아."

"그건 미안해. 그렇지만 정말 갈 곳이 없었단 말이야."

"여기에 머무는 것은 괜찮고? 넌 우리 가족이 아니잖아."

"하지만 선생님이 허락하셨잖아."

"그러니까 할 이야기가 없다는 거야. 넌 허락을 받았으니까 계속 여기에 있다가 언젠가 떠나면 돼. 나까지 너와 친해질 필요는 없잖아."

레이아나는 그렇게 말한 뒤 쌩하고 방으로 들어가 버렸어요. 동호는 레이아나의 방문 앞에서 잠시 머뭇거리다가 뒤돌아섰어요. 레이아나와 친해지고 싶다고 억지를 부릴 수는 없잖아요. 그건 동호 마음대로 되는 것이 아니고요. 동호는 레이아나가 자신을 싫어하더라도 신경 쓰지 않기로 했어요. 그렇게 생각하면 동호의 마음이 편하니까요.

동호는 자신의 방으로 가다가 서재의 문이 열려 있는 것을 보았어요. 문틈으로 책상에 앉아 있는 마키아벨리가 보였어요. 마키아벨리는 글을 쓰고 있었어요.

'마키아벨리 선생님이 글을 쓰시는 이 시간은 《군주론》이 만들어지는 역사적인 순간이야.'

동호는 레이아나와 있었던 일은 금방 잊어버리고 흐뭇하게 마키아벨리를 쳐다봤어요. 그러다 마키아벨리와 눈이 마주쳤어요.

'헉!'

그 순간 동호는 컴퓨터 화면에서 마키아벨리와 눈이 마주쳤던 일이 생각났어요. 마키아벨리는 그때처럼 놀란 표정이었어요. 동호는 문을 닫았어요.

'이상해. 아무래도 이상해.'

하지만 동호는 정확히 뭐가 이상한 건지 알 수가 없었어요. 그러다 문득 이곳에 있을 수 있는 시간이 얼마 남지 않았다는 생각이 들었어요. 컴퓨터 화면을 보다가 마키아벨리와 눈이 마주친 날 이곳 피렌체로 왔잖아요. 혹시 오늘이나 내일 다시 집으로 돌아갈 수 있을까요?

아침에 눈을 뜬 동호는 여전히 마키아벨리의 집에 있다는 것을 확인했어요. 안심이 되는 한편, 아쉬움도 있었어요. 집에 빨리 가고 싶었지만 이곳에 더 머물고 싶기도 했어요.

동호는 거실로 나갔어요. 거실에는 마키아벨리와 라비, 레이아나가 앉아 있었어요.

"다들 일찍 일어나셨네요?"

동호가 인사를 건넸어요.

"그래. 오늘은 특별한 날이지."

마키아벨리는 어느 때보다도 즐거워 보였어요.

"무슨 일 있어요?"

"선생님께서 《군주론》을 완성하셨어. 오늘 새벽에."

"우와! 드디어 완성하셨구나. 정말 축하드려요!"

동호는 자신의 일처럼 기뻤어요. 군주론을 완성한 순간을 함께하다니 믿을 수가 없었죠.

"고맙다. 어서 빨리 아침을 먹도록 하자. 오늘은 할 일이 정말 많구나."

"할 일이요?"

"메디치 전하를 만나기로 했단다. 이 책은 전하에게 바치는 거야. 책을 보면 만족하시겠지?"

"그럴 거예요. 군주에게 꼭 필요한 이야기를 담았으니까요."

라비가 명랑하게 말했어요. 그러나 동호는 기쁜 마음으로 맞장구를 칠 수가 없었어요. 마키아벨리가 《군주론》을 선물할 때 메디치가 그것을 받지 않는 장면을 보았거든요. 하지만 그 사실을 차마 말할 수가 없었어요.

"삼촌, 우리가 식사 준비를 하는 동안 외출복으로 갈아입으세요. 멋진 옷으로요."

레이아나도 기분이 좋아서 오늘만큼은 동호를 노려보지 않았답니다.

군주의 덕목

전통적인 정치인의 덕목은 책을 읽으며 수양을 하고 예를 배우는 것이었습니다.

하지만 당시 마키아벨리의 주장은 이와 같은 정치인의 덕목을 거스르는 파격적인 것이었습니다. 그렇기 때문에 마키아벨리는 정치사상의 새로운 지평을 펼쳤다고 볼 수 있습니다.

마키아벨리는 정치인이 갖추어야 할 덕목으로 심성과 기술을 말하고 있습니다. 군주는 심성이 인자하고 믿음직스러워야 하며 인간적이어야 합니다. 또 정직하고 종교적으로 행동해야 합니다.

군주가 갖춰야 할 기술(처신)은 다음과 같은 것들이 있습니다.

1. 적으로부터 자신을 보호할 것

2. 동지를 규합할 것

3. 폭력을 쓰든 기만을 하든 반드시 승리할 것

4. 백성들이 자신을 사랑하면서도 두려워하도록 만들 것

5. 군대가 자신을 따르고 존경하도록 만들 것

6. 자신을 해칠 수 있는 힘을 가졌거나 그럴 만한 이유를 가진 사람들을 숙청할 것

7. 옛 법과 낡은 풍습을 새롭게 바꿀 것

8. 가혹하면서도 인자할 것

9. 관대하고 개방적일 것

10. 불충(不忠)한 군대를 제거하고 새로운 군대를 조직할 것

11. 왕이나 군주들이 자신에게 기꺼이 호의를 보이도록 만들고 감히 해칠 수 없는 사람이라고 생각하도록 그들과 돈독한 우호 관계를 맺을 것

마키아벨리의 사상은 군주의 심성보다 기술에 더 큰 의미를 두고 있었습니다. 이를 정리하면 다음과 같습니다.

사자의 용맹함과 여우의 교활함

첫째, 우리는 적과 동지를 구분할 줄 알아야 합니다. 우리가 저지르는 어리석은 일 중 가장 치명적인 것은 적과 동지를 구분하지 못하는 것입니다. 어떻게 하면 적과 동지를 알아볼 수 있을까요? 그 방법은 먼저 깨달은 자의 삶을 돌아보며 배우는 것입니다. 그래서 마키아벨리는 역사에 관해서도 많은 지식을 갖고 있었지요.

우리는 먼저 깨달은 자의 업적을 본받아야 합니다. 마키아벨리는 로마 철인 군주였던 마르쿠스 아우렐리우스, 알렉산드로스 대왕, 카이사르, 스키피오 등을 본받을 만한 사람으로 꼽습니다. 먼저 깨달은 자의 장점을 배우면 그들을 닮을 수 있다는 것이지요.

그러기 위해서는 책을 많이 읽어야 합니다. 실력이 있는 궁수(弓手)는 먼 곳에 있는 목표물을 맞힐 때 목표물보다 높은 곳을 겨냥합니다. 이는 목표물보다 높은 곳을 맞히기 위해서가 아니라, 거리를 감안하여 목표물을 정확히 맞히기 위한 것입니다. 군주의 이상도 이와 같습니다.

둘째, 군주는 잔혹해야 합니다. 마키아벨리가 비난 받는 이유도 바로 이 때문이지요. 그는 정치인이 사자처럼 잔인해야 한다고 말합니다. 정

치 세계에는 적들이 항상 공격할 준비를 하고 있기 때문입니다. 알렉산드로스 대왕이 천하를 제패할 수 있었던 힘은 그의 정적인 다리우스 3세를 철저하게 멸망시켰기 때문입니다. 그래서 알렉산드로스 대왕이 죽은 후에도 다리우스 왕조는 감히 반란을 일으킬 생각을 하지 못했습니다.

군주는 악행을 저지르지 말아야 합니다. 그래야 존경을 받을 수 있습니다. 하지만 악행을 저지를 수밖에 없을 때는 세인의 이목을 신경 쓰지 말고 과감하게 처리해야 할 것입니다. 마키아벨리는 다른 나라를 정복할 때에도 원주민을 철저하게 없애고 왕의 후손들까지 모두 멸족해야 한다고 말했습니다. 그래야 목표를 완벽히 정복할 수 있기 때문입니다.

그리고 한 가지 명심해야 할 것은, 국권을 잡은 사람은 그가 해야 하는 모든 악행을 심사숙고 끝에 결정해야 하며, 악행을 행할 때는 한번에 몰아서 해야 한다는 것입니다.

군주는 사랑을 받는 것과 두려움의 대상이 되는 것 중 무엇이 더 중요할까요? 군주는 이 두 가지를 모두 가져야 한다고 합니다. 하지만 그것은 어려운 일이죠. 그래서 둘 중 하나만 선택해야 한다면 군주는 두려움을 택해야 합니다. 왜냐하면 인간은 은혜를 모르고, 변덕스러우며 가식적이고, 오로지 자신의 이익만 생각하기 때문입니다. 그래서 군주는 잔혹해야 합니다. 사람들은 그 잔혹함을 두려워하기 때문이지요.

마키아벨리는 이탈리아 역사에서 잔혹함으로 성공한 인물이 체사레 보르자라고 말합니다. 보르자는 어떻게 하면 사람들을 자기편으로 끌어들일 수 있는지, 또 어떻게 하면 사람들을 잃게 되는지 잘 알고 있었습니다.

성악설

마키아벨리 사상에는 성악설이 포함되어 있습니다. 그는 일생 동안 많은 배신과 절망을 경험하며 인간은 선량하지 않다고 생각하였습니다. 착한 사람은 그렇지 못한 사람들에게 파멸당하기 쉬울 것입니다. 군주가 자신을 지키려면 악을 행하는 방법을 알고, 그것을 언제 실행해야 하는지도 알아야 합니다. 군주가 부패한 백성이나 군대, 귀족을 선하게 대우한다면 그것은 군주 자신을 망치는 일이겠지요.

셋째, 정치인은 여우의 교활함을 갖추어야 합니다. 세상에 놓여 있는

수많은 덫을 피하기 위해서는 여우의 지혜가 필요합니다. 바둑의 고수가 되기 위해 속임수를 알아야 하는 것과 마찬가지입니다.

　마키아벨리도 인간은 덕이 있어야 한다고 생각했지만 도적과 불법으로 가득 찬 정치 세계에서 끝까지 도덕적일 수만은 없다고 보았습니다. 정치인의 미덕은 살아남는 것이라고 여겼기 때문입니다.

　인간의 지혜에는 세 단계가 있습니다. 첫째는 스스로 사물을 알아보는 것이고, 둘째는 다른 사람의 도움을 받아서 이해하는 것이고, 셋째는 사물을 이해하지 못하는 것입니다. 첫째의 경우가 최고이고, 두 번째의 경우는 우수한 것이고, 세 번째 경우는 도무지 쓸모가 없는 경우입니다. 그러므로 군주가 얼마나 현명한지 알아보기 위해서는 그의 주변 사람들을 살펴보아야 합니다. 그들은 군주가 스스로 알지 못할 때 깨우칠 수 있도록 도와주기 때문이지요.

　사람은 모든 능력을 갖고 태어날 수 없습니다. 그래서 측근이 필요합니다. 군주가 능력이 있고 충성스런 측근을 두고 있다면, 그 군주는 사람을 보는 안목이 있고 충성을 받을 만한 능력을 가지고 있다는 뜻일 겁니다. 따라서 현명한 군주라고 볼 수 있지요. 하지만 모든 측근이 정치인에게 충성스러운 것은 아닙니다. 심지어 가장 가까운 사람이 정치인에게 폐가 되는 일도 흔하답니다.

5

안녕, 피렌체

 군주가 멸시를 받는 것은 독재자라는 평가를 듣는 것보다
훨씬 더 위험하다.

— 마키아벨리

1 메디치를 찾아간 마키아벨리

마키아벨리와 라비는 메디치가 있는 저택으로 가기 위해 현관을 나섰어요. 동호와 레이아나는 그들을 배웅하기 위해 큰길까지 따라나섰죠.

"돌아오면 맛있는 저녁을 먹자. 이 책이 우리에게 행운을 가져다줄 거야."

"기다릴게요. 삼촌."

레이아나는 마키아벨리의 볼에 뽀뽀를 했어요. 하지만 동호는 쑥스러워서 그런 인사를 할 수 없었어요. 그래서 마키아벨리에게 고개를 숙여 인사했어요.

"이따 보자."

동호는 마키아벨리와 라비가 점점 멀어져 보이지 않을 때까지 서 있었어요. 옆에 있던 레이아나가 집을 향해 되돌아가는 것도 모르는 채로요.

"마키아벨리 선생님, 라비 형."

동호는 가만히 그들의 이름을 불렀어요. 선생님과 라비 형의 뒷모습이 슬퍼 보였어요. 어쩌면 동호의 마음이 슬퍼서 그런 생각이 들었을 지도 몰라요.

동호는 천천히 걸어 마키아벨리의 집에 들어섰어요. 그런데 담임선생님이 거실에서 서성이는 모습이 보였어요. 한 손에는 교과서가 들려 있고 다른 한 손에는 막대기가 들려 있었어요. 여전히 화난 사람처럼 표정이 잔뜩 굳어 있었고요. 선생님이 무엇이라고 말하자 아이들이 '네' 하며 대답하는 소리가 들렸어요. 동호는 깜짝 놀라 뒷걸음질 쳤어요. 그러나 곧 담임선생님이 눈앞에서 사라졌어요. 동호는 갑자기 겁이 덜컥 났어요. 그래서 레이아나의 방문을 두드렸지요.

"왜?"

"나 어쩌면 가야 할지 몰라."

"무슨 소리야?"

"그런 일이 있어. 내가 사라지면 네가 대신 인사를 전해 줘."

동호는 레이아나의 손을 꼭 붙잡으며 말했어요. 그러나 레이아나는 동호의 손을 뿌리쳤어요.

"알았어. 내가 대신 인사를 전해 줄게. 얼른 가기나 해."

레이아나는 방에 들어간 뒤 문을 닫았어요.

동호는 아무도 없는 빈 거실을 둘러봤어요. 며칠 머물지 않았는데도 오랜 시간이 지난 것처럼 정겨운 모습이었어요. 동호는 자꾸 슬퍼지는 마음을 애써 누르며 자신의 방으로 향했어요. 그때였어요. 레이아나의 방문이 빼꼼히 열렸어요. 그리고 레이아나가 고개만 내민 채 말했어요.

"미안해. 지난번에 나가라고 한 것. 마음에 걸렸어. 만약 네가 가 버린다면 나도 섭섭할 거야. 그리고 갈 때 가더라도 인사는 꼭 직접 하고 가. 우리 모두에게."

레이아나는 빠르게 말을 끝내고 다시 문을 획 닫았어요. 동호는 한참 동안 문 앞에 서 있었어요. 레이아나와 이제 겨우 친해질 수 있을 것 같은데 한국으로 돌아가야 할 시간이 다 된 것 같아요.

　밤이 늦었어요. 마키아벨리와 라비는 아직 돌아오지 않았죠. 동호는 밖으로 나가보았어요. 바람이 쌀쌀했지만 기다리는 일은 힘들지 않았어요. 한참을 기다려도 두 사람은 나타나지 않았어요. 그때 현관문이 열렸어요. 레이아나가 망토를 들고 서 있었어요.
　"왜?"
　레이아나는 아무 말 없이 망토를 동호에게 건넸어요. 그리고 큰길로 걸어갔어요. 동호는 망토를 걸치고 레이아나를 쫓아갔어요.
　"레이아나! 같이 가!"
　"왜 그렇게 걸음이 느려?"
　레이아나가 퉁명스럽게 말했지만 동호는 레이아나가 밉지 않았어요. 그 자리에 멈춰서 동호를 기다렸거든요.
　"뭐 하나 물어봐도 돼?"
　동호는 조심스럽게 말을 걸었어요.
　"마음대로."
　레이아나가 말했어요.
　"너는 왜 선생님이랑 사는 거야?"

동호의 말이 끝나기도 전에 레이아나가 발걸음을 멈췄어요. 그리고 동호를 똑바로 바라보며 말했어요.

"너 참 예의가 없구나. 그런 건 묻는 게 아니야."

"아……."

동호는 당황했어요. 자신의 질문이 그렇게까지 무례하다고 생각하지 않았거든요.

"남자들이란 이렇게 눈치가 없다니까."

레이아나는 투덜거리며 앞서 걸었어요.

큰길까지 나왔지만 거리에는 사람들이 거의 없었어요. 늦은 밤이니 다들 집에서 나오지 않았을 거예요. 동호는 길가에 쪼그리고 앉았어요. 한참을 기다려야 할 것 같았거든요. 레이아나도 동호의 옆에 앉았어요. 둘은 나란히 앉아서 바닥만 쳐다봤어요.

한참을 조용히 있던 레이아나가 입을 열었어요.

"동호야, 너희 부모님은 모두 계셔?"

"응."

"그런데 왜 집을 나왔어?"

"나온 게 아니야. 설명하기 복잡한데……. 그냥 그렇게 됐어."

"엄마 아빠가 보고 싶지 않아?"

"뭐……."

동호는 우물거렸어요. 또래의 여자아이에게 그런 말을 하는 것이 왠지 쑥스러웠거든요. 레이아나가 동호를 어리다고 생각할까 봐요.

"난 보고 싶던데."

레이아나가 솔직하게 말했어요.

"보면 되잖아?"

"우리 부모님은 돌아가셨어."

동호는 자신의 귀를 의심했어요. 부모님이 돌아가셨다는 말을 레이아나는 무덤덤하게 했거든요.

"그런 얼굴로 쳐다보지 마. 대신 삼촌과 오빠가 있잖아. 그리고 세상에는 나와 같은 처지의 아이들이 많아."

"아, 그래."

"삼촌은 굉장히 뛰어난 사람이야. 그런데도 메디치 전하는 삼촌을 고용하지 않아."

동호는 옆에서 그저 고개만 끄덕였어요.

"어!"

레이아나가 갑자기 벌떡 일어났어요. 레이아나가 달려가는 쪽에서 두 사람이 걸어오는 모습이 보였어요. 동호도 레이아나를 따라 달려갔어요.

"삼촌, 오빠!"

레이아나는 마키아벨리의 허리를 붙잡았어요. 마키아벨리는 레이아나의 머리를 쓰다듬고 동호를 보며 웃었어요. 왠지 쓸쓸해 보이는 웃음이었어요.

"힘들게 왜 나와 있니? 들어가자."

"그 사람이 뭐래요?"

레이아나가 물었어요.

"나중에 말하자고 하더구나. 그 원고를 다 읽으려면 시간이 좀 걸리겠지."

"에이, 빨리 말해 주면 좋을 텐데."

레이아나가 투덜거렸어요.

"그러게 말이다. 가자. 쉬고 싶구나."

집으로 걸어가는 동안 라비는 아무 말이 없었어요. 마키아벨리는 레이아나의 질문에 대답을 했지만 힘없는 목소리였어요.

동호는 한참 동안 그들의 뒷모습을 바라보았어요.

2 안녕, 마키아벨리 선생님

동호는 피렌체에 오게 되어서 정말 좋았어요. 많은 것을 알았고 특이한 경험도 했으니까요. 그리고 무엇보다도 좋은 사람들을 만 났죠.

그런데 누가 동호를 이곳으로 보냈을까요? 이곳에 오게 된 것 은 동호의 운명이었을까요? 그것이 아니라면 이 모든 것은 동호 의 꿈속일까요? 누구도 동호에게 답을 해 주지 않았어요.

동호는 생각에 잠겨 마키아벨리와 라비, 레이아나와 거리가 점점 멀어지고 있다는 것을 깨닫지 못했어요. 그때 누군가 뒤에서 어깨를 툭툭 쳤어요.

"학생이 공부는 안하고 왜 이런 곳을 헤매고 다니지?"

뒤돌아보니 호랑이 선생님이 무섭게 노려보고 있었어요. 하지만 동호는 두렵지 않았어요. 이상한 일이죠? 호랑이 선생님은 행복해 보이지 않았어요. 늘 화를 내고 아이들의 사랑을 받지 못하니까요.

"선생님은 어떻게 여기에 오셨어요?"

동호가 물었어요. 피렌체까지 선생님이 와 있는 것을 믿을 수가 없었거든요. 호랑이 선생님은 대답하지 않고 바로 사라졌어요. 동호는 아무도 없는 허공을 쳐다봤어요.

"동호, 뭐해?"

저만치 가던 라비가 동호를 불렀어요.

"형."

동호는 라비가 있는 곳을 쳐다봤어요. 마키아벨리와 레이아나가 빨리 오라고 손짓을 하고 있었어요. 라비는 동호에게 걸어오고 있었고요. 동호는 그들이 있는 곳으로 걸음을 옮겼어요. 하지만 땅이 밟히지 않았어요. 마치 허공에 붕 뜬 것처럼 말이에요. 그런

데도 몸은 물에 젖은 솜처럼 무거워서 마음대로 움직일 수가 없었
어요.

"어어?"

동호는 당황했어요. 앞에 보이던 사람들이 안개에 휩싸였어요.
그리고 아무도 보이지 않았어요.

"어어!"

동호의 다리가 갑자기 제멋대로 움직이기 시작했어요. 멈추고
싶어도 멈출 수가 없었어요. 심지어 동호의 팔도 앞뒤로 움직이고
있었으니까요!

동호는 누군가가 조종하는 인형이 된 기분이었어요. 어디선가
마키아벨리가 자신의 이름을 부르는 소리가 들렸어요. 라비와 레
이아나의 목소리도요. 그러나 그 목소리는 자동차 경적 소리에 묻
혀 버렸어요.

"괜찮니?"

동호는 자동차 앞에 넘어져 있었어요. 주변을 둘러보니 학교 앞
횡단보도였어요. 사람들은 동호에게 다가와 다친 곳은 없는 지 물
었어요.

"아……."

사람들이 동호를 부축해서 일으켜 세웠어요. 동호는 자신이 있는 곳이 어디인지 알 수가 없었어요. 사고가 날 뻔했다는 사실도 중요하지 않았죠. 동호는 가까스로 일어나 비틀거리며 걷기 시작했어요. 주위 어른들이 동호에게 놀란 것 같으니 쉬고 가라고 붙잡았어요. 하지만 동호는 집에 가고 싶었어요.

"조퇴한 거야?"

동호의 안색이 창백한 것을 보고 놀란 엄마가 물었어요. 엄마는 동호를 침대에 눕힌 뒤 이마를 짚었어요.

"열은 없는데……. 잠을 좀 자야겠구나. 푹 자고 나면 괜찮아질 거야."

동호는 엄마의 손을 잡았어요. 그리고 잠이 들 때까지 옆에 있어 달라고 말했어요. 엄마는 동호의 옆에 앉아 동호가 어릴 때 자주 불러 주던 자장가를 불렀어요. 초등학생이 된 이후에는 한 번도 듣지 못한 노래였어요.

"잘 자라 우리 아가~ 앞뜰과 뒷동산에~ 새들도 아가 양도~."

동호는 엄마의 자장가를 들으며 레이아나를 떠올렸어요. 레이아나는 엄마 아빠가 없다고 했어요. 누가 레이아나에게 자장가를

들려줄까요? 마키아벨리 선생님은 메디치에게 좋은 소식을 듣지
못할 거예요. 얼마나 힘들어 하실까요? 라비 형, 라비 형이 아주
많이 보고 싶을 거예요.

동호는 그들의 얼굴을 떠올리며 마음속으로 인사했어요.

'안녕. 피렌체의 사람들.'

3 동호의 반항

동호는 아침 일찍 학교에 갔어요. 운동장에 있는 벤치에서 《군주론》을 읽고 싶었거든요. 지난 이틀 동안 동호는 학교에 가지 않고 집에서 책을 읽었어요. 그런데도 아직 다 읽지 못했어요. 머리가 아파서 잠을 잔 시간이 더 많았거든요.

하지만 이젠 괜찮아요. 아직도 어지러울 때가 있긴 하지만요. 동호는 소리 내어 책을 읽기 시작했어요.

사람의 성공과 실패를 좌우하는 첫 번째 요소는 '운명'이다.

'운명? 내가 피렌체에 갔던 것도, 그들을 만난 것도 운명이지.'
동호는 잠시 생각을 하다가 다시 책으로 눈길을 돌렸어요.

그러나 인간의 의지도 중요하므로 운명이 나쁘다고 해서 너무 실망
할 것은 없다.

'역시 마키아벨리 선생님이야!'

두 번째 요소는 '덕을 얼마나 베풀며 사는가'이다.

동호는 잠시 고개를 갸웃거렸어요. 마키아벨리는 사람이 근본
적으로 악하다고 했잖아요. 군주는 잔인해야 한다고까지 말했어
요. 그런데 덕을 베풀며 살아야 한다니, 뭔가 좀 맞지 않다는 생각
이 든 거죠. 그러나 그 뒤를 좀 더 읽어 보니 이해가 되었어요.

군주는 한 번에 조금씩 베풀어야 한다. 너무 헤프게 자비심을 보여

서는 안 된다.

'그러니까 사람들을 이렇게 통솔하라는 거네. 마키아벨리 선생님도 참 솔직하셔.'

세 번째 요소는 '역사가 부르는 순간에 너는 그곳에 있었는가'이다.

동호는 갸웃했어요. 역사가 부르는 순간 그곳에 있는 것이 마음대로 되는 일인가요? 자신이 태어나는 시대를 스스로 결정하는 것이 아니잖아요. 동호는 더 깊이 생각해 보았어요. 역사가 부르는 사람은 어떤 사람일까요? 바로 그 시대에 필요한 사람이겠죠. 그 사람이 세상에 도움을 주며 열심히 살았다는 뜻일 거예요. 그렇게 생각하니 역사가 부르는 사람이 되는 건 자신의 의지로도 가능한 일 같아요. 그렇다면 역사의 부름에 대답을 하는 것 역시 본인의 의지예요. 결국 마키아벨리의 말처럼 '역사가 부르는 순간에 그곳에 있는' 것은 자신이 이루어 내는 일인가 봐요.

동호는 책을 덮었어요. 운동장으로 아이들이 점점 들어오기 시작했거든요. 동호도 가방을 챙겨 교실로 향했어요. 아무도 없는 교실에 앉아 창밖을 내다보았죠. 교문을 통과해서 운동장 안으로 들어서는 아이들이 해맑아 보였어요. 호랑이 선생님이 양복을 입고 학교로 들어오는 모습도 보였답니다.

어쩐지 호랑이 선생님의 얼굴이 피곤해 보였어요. 선생님이 아이들을 무섭게 대하는 건 아이들에게 멸시를 당할까 봐 두려워서겠죠? 선생님은 아이들에게 사랑과 두려움 중 두려움 받기를 택했나 봐요. 하지만 호랑이 선생님도 아이들에게 사랑을 받고 싶을 거예요.

"일찍 왔네."

교실로 들어서며 지훈이가 인사를 했어요.

"응."

"너 때문에 선생님이 화가 많이 났어."

"왜?"

"이틀이나 결석했잖아. 게다가 결석하기 전에는 선생님을 두고 도망갔다면서!"

지훈이는 그동안 있었던 일을 동호에게 말해 주었어요. 요즘 아이들은 버릇이 없다며 선생님이 여러 번 화를 냈다고 해요.

"하지만 아픈데 어떻게 학교에 와? 엄마가 전화를 했는데도 선생님이 그러셔?"

"우리 선생님은 호랑이잖아."

동호는 고개를 끄덕였어요. 호랑이 선생님이니까 당연하다는 뜻이죠.

모든 아이들이 자리에 앉았을 때 호랑이 선생님이 교실로 들어왔어요. 선생님은 들어오자마자 막대기로 교탁을 '짝' 하고 내리쳤어요.

"너희들은 공부하는 학생이다. 공부를 잘하고 싶으면 정신력부터 키워야 해. 아프다고 결석을 하다니. 그건 체력이 아니라 정신 상태에 문제가 있는 거야. 그래서 너희들의 정신력을 키우기 위해 훈련을 하기로 했다. 내일 오전 열 시까지 한 명도 빠지지 말고 학교 운동장으로 모여."

선생님의 말이 끝나자 아이들이 수군거렸어요. 내일은 토요일이거든요. 학교에 가지 않는 토요일에 동호네 반만 학교에 나와야 하는 건 정말 불공평한 일이에요. 게다가 가족 나들이나 학원, 운동 등 주말에는 각자 계획이 있을 텐데 말이에요.

"누구야? 누가 말하고 있어? 아직 수업 안 끝났어!"

"하지만 선생님, 내일은 쉬는 날이에요."

동호가 손을 들고 말했어요.

"뭐라고? 다시 말해 봐."

"내일은 쉬는 날이에요. 각자 계획한 일이 있어요."

"그래서?"

"나오고 싶은 아이들만 나와야 한다고 생각합니다."

선생님은 동호를 무섭게 노려봤어요. 그리고 낮은 목소리로 말했어요.

"나와."

선생님은 무서운 군주였어요. 하지만 동호는 군주가 무섭다고 벌벌 떠는 사람이 되기는 싫었어요. 그래서 용기를 갖고 당당하게 교탁 앞으로 나갔어요. 반 아이들은 숨도 쉬지 않고 이 상황을 지켜보았답니다.

"다시 말해 봐."

"내일 학교에 나오는 것은 부당합니다."

동호의 말이 끝나기도 전에 선생님은 동호의 등을 돌려 교실 밖으로 밀어냈어요.

"선생님 말을 듣지 않는 학생은 필요없다. 나가!"

동호는 책가방조차 챙기지 못하고 교실 밖으로 쫓겨났어요. 선생님이 막대기로 교탁을 두드리는 소리가 뒤에서 들렸어요.

"가방이라도 챙기게 해 주시지, 선생님도 참."

동호는 난감한 듯 중얼거리면서도 환하게 웃고 있었어요.

군주는 왜 몰락하는가?

인생에서 성공하고 실패하는 주된 요인은 무엇일까요? 오로지 자신의 능력에 따른 걸까요? 아니면 어떤 초자연적인 힘이 존재하는 걸까요? 이에 대해 마키아벨리는 다음과 같은 세 가지 요소를 지적합니다.

운명, 덕망, 그리고 시대

마키아벨리는 인간의 성패를 좌우하는 첫 번째 요소는 '운명'이라고 하였습니다.

르네상스 시대의 유럽인은 운명이나 하느님의 뜻에 따라 삶이 결정된다고 믿었습니다. 인간은 하늘이 정해 준 길을 벗어날 수 없기 때문에 운명 앞에서 겸손해야 한다고 믿었던 것이죠.

마키아벨리는 인간의 흥망성쇠가 이미 정해져 있다고 하더라도 체념할 필요는 없다고 충고합니다. 인간의 존재는 운명적이지만 의지는 우리의 것이기 때문입니다.

운명의 여신은 우리 삶의 절반을 다스릴 뿐이고, 나머지 반은 우리가 스스로 만들어 가는 것이지요. 마키아벨리가 말하는 운명의 여신은 합리적인 사람보다 힘을 앞세우는 강압적인 사람을 좋아한다고 합니다. 운명의 여신은 용감무쌍한 젊은이와 친구가 되고 싶어 합니다. 이런 운명의 여신이 가진 성격을 통해 마키아벨리는 우리 삶의 불확실성을 보여 주고자 했습니다.

인생의 성패를 좌우하는 두 번째 요소는 '덕'입니다. '덕을 얼마나 베풀며 살았는가' 하는 것이지요. 이는 마키아벨리의 사상을 이해할 때 가장 혼란스러운 부분이기도 합니다. 그는 인간의 본성이 악하기 때문에 군주가 백성들에게 자비로워서는 안 된다고 강조하지요. 하지만 조금 더 깊이 살펴보면 덕을 베풀어야 한다는 것 역시 인간이 사악하다는 점을 바탕으로 하고 있습니다. 마키아벨리는 은전은 조금씩 베풀어야 한다고 충고합니다. 그래야만 그 달콤함을 충분히 느낄 수 있다는 것입니다. 너무 헤프게 자비심을 보이면 분란이 생깁니다. 마키아벨리는 군

주에 대해서 이렇게 말합니다. 군주는 살인과 약탈을 일삼지 말고 필요할 때 가끔 잔인함을 보여 주어야 한다고요. 이것이 자비로운 군주가 되는 길이라고 합니다.

인생의 성패를 좌우하는 세 번째 요소는 '역사가 부르는 순간에 그곳에 있었는가' 하는 것입니다. 마키아벨리는 이를 '역사의 순간과 상황'이라고 말합니다.

인간이 아무리 최선을 다했어도 일의 성공 여부는 시대의 상황에 달려 있다고 보았습니다. 운명이 많은 것을 좌우한다는 뜻이지요.

마키아벨리가 이렇게 운명주의자가 된 것은 불우했던 경험 때문일 것입니다. 마키아벨리는 그토록 충성을 바쳤던 메디치 가문으로부터 버림을 받았습니다. 이런 일을 겪으면서 운명이 아니라면 자신이 그와 같은 일을 당할 이유가 없다고 생각했던 것이지요.

두려움보다 나쁜 멸시

정치인으로서 중요한 것은 멸시를 받지 말아야 한다는 점입니다. 정치인이 멸시를 받는 다면은 독재자라고 불리는 것보다 더 위험하고 어리석은 일이지요.

그렇다면 군주는 어떤 경우에 백성들에게 멸시를 받고 몰락하게 될까요? 마키아벨리는 다음과 같이 말합니다.

첫째, 군비(軍備)가 약할 때입니다.

무장을 갖춘 군주와 무장을 갖추지 못한 군주는 상황이 다릅니다. 무장을 제대로 갖춘 군주만이 다른 군주를 복종시킬 수 있고 적으로부터 안전할 수 있습니다. 나약한 군주는 부하들로부터 멸시를 받으며 그런 부하들을 믿지 못하고 함께 일할 수 없기 때문이죠. 그러므로 군주는 역사 속 위대한 선인들의 행적에 관심을 기울이며, 그들이 전쟁 상황에서 어떻게 처신했는지를 배워야 합니다. 그들이 승리한 원인과 실패한 원인을 분석하여 현실에서 올바르게 처신해야 합니다.

둘째, 군주가 천박한 모습을 보일 때입니다.

위대한 지도자들은 모두 역사에 대한 해박한 지식을 가지고 있었습니

다. 앞선 지도자들의 업적을 공부했기 때문이지요.

천박한 행동 때문에 몰락한 대표적인 군주로 코모두스가 있습니다. 그는 세습에 의하여 왕이 되었습니다. 하지만 격투장에 뛰어들어 검투사들과 싸우는 등 제왕의 격에 맞지 않는 천박한 행동을 했습니다. 그러다 결국 군대와 백성들에게 멸시를 받고 반역자에게 죽음을 당했습니다. 코모두스가 아버지의 발자취를 잘 따라갔더라면 군대와 백성들에게 존경받는 왕이 되었을 것입니다. 그랬다면 반역도 일어나지 않았겠지요.

백성들에게 멸시를 당하여 몰락한 다른 인물로 막시미누스가 있습니다. 그는 나 트라키아에서 양을 치던 천민 출신이었다는 점 때문에 많은 사람들에게 멸시를 당했습니다. 마키아벨리 역시 막시미누스가 천민 출신이라는 이유로 그를 비하하였습니다. 이를 보면 마키아벨리가 몰락한 귀족 가문의 출신으로서 신분의 편견에서 벗어나지 못했다는 것을 알 수 있습니다.

셋째, 군주는 탐욕스러운 모습을 보일 때 백성에게 멸시를 당합니다.

군주는 남의 재산을 건드려서는 안 됩니다. 인간은 아버지를 죽인 원수보다 유산을 빼앗아 간 사람을 더 오래 기억한다고 마키아벨리는 말합니다. 사람은 누구나 부유하기를 원합니다. 권력자의 욕망도 그러할 것입니다. 그러나 군주는 그 유혹을 뛰어 넘을 때 성공한 지도자가 될 수 있습니다.

넷째, 군주가 아첨을 이기지 못할 때입니다.

군주가 신중하지 못하거나 신하를 잘못 두었을 때 가장 저지르기 쉬운 실수는 아첨을 가려듣지 못하는 것입니다. 군주에게 바른 말을 하는 신하가 있으면 아첨을 하는 신하 또한 있기 마련입니다. 군주는 여러 사람이 하는 많은 말 중에서 자신에게 도움이 되는 옳은 말을 가려들어야 합니다. 하지만 이것은 쉬운 일이 아니죠.

그래서 군주는 신하들에게 많은 질문을 해야 합니다. 또 충고를 들을 때에는 경청해야 하지요. 그리고 혼자 결정해야 할 때에는 자신의 소신에 따라야 합니다. 결단의 순간에 이리저리 흔들리는 변덕스런 모습을 보인다면 곧 멸시의 대상이 되고 말 것입니다.

군주는 배가 암초에 걸리지 않도록 늘 주위를 살피고 경계하는 선장과 같습니다. 매사 위엄을 지키며 결단력 있고 꿋꿋한 모습을 보여 주어야 하지요. 그렇기 때문에 군주는 많은 사람을 거느리면서도 고독한 존재입니다.

에필로그

동호는 어린 시절을 회상하다가 문득 정신이 들었어요. 비행기가 막 이륙했거든요. 세월이 흘러서 이제 동호는 한 가정의 어엿한 가장이 되었답니다.

동호는 창밖으로 서울을 내려다봤어요. 장난감처럼 건물과 도로가 옹기종기 모여 있었어요. 하지만 곧 전부 사라지고 하얀 구름만 보였어요. 비행기가 드디어 구름 위로 올라간 거예요.

동호가 탄 비행기는 앞으로 열두 시간 뒤 피렌체에 도착할 예정이랍니다.

"귀가 먹먹해."

창가에 앉은 연수가 종알거렸어요. 연수는 동호의 예쁜 딸이에요. 이제 초등학교 5학년이죠.

"이륙하거나 착륙할 때만 그래. 곧 괜찮아질 거야."

동호는 연수의 머리를 쓰다듬으며 말했어요.

"우와! 아빠 저기 봐. 구름이 은빛이야."

"그래, 멋지구나."

"피렌체도 이렇게 멋진 곳이야?"

"그럼. 정말 멋진 곳이지. 우리 두오모 성당이 있는 광장에서 아이스크림을 먹고 우피치 미술관에서 좋은 그림을 보는 건 어때?"

"아이스크림은 엄마도 좋아하는데……."

"엄마는 일 때문에 바쁘잖아."

"다른 아이들은 엄마보다 아빠가 더 바쁘대."

"연수는 다른 아빠들처럼 아빠가 바쁘지 않아서 싫어?"

동호가 싱긋 웃으며 물었어요. 연수는 잠시 머뭇거리다 고개를 저었어요.

"히히. 아니."

"아빠랑 이탈리아 여행을 가니까 좋지?"

"그건 그래. 하지만 아빠는 왜 이탈리아만 가는 거예요? 저번에도 다녀왔잖아요."

"두오모 성당은 높이가 106m나 된단다. 꼭대기까지 올라가려면 꽤 힘들 거야. 연수가 끝까지 잘 올라가면 얘기해 줄게. 아빠가 왜 피렌체를 좋아하는지. 그건 아직까지 엄마한테도 말하지 않은 비밀이거든."

"비밀?"

"응. 아주 오랫동안 아무에게도 말하지 않았던 비밀."

동호가 작은 목소리로 말했어요. 마치 엿듣는 사람이라도 있는 것처럼 말이에요. 연수는 아빠와 비밀을 만든다는 사실이 좋았어요. 그래서 히죽히죽 웃으며 창밖을 보았답니다.

동호는 연수의 머리 너머로 보이는 창밖 풍경을 오랫동안 보았어요. 은빛이었던 구름이 붉은 빛이 되었다가 점차 검은 빛으로 변할 때까지 바라보았지요.

피렌체에 도착하려면 아직도 10시간이나 남았어요. 시간이 오래 걸리지만 그래도 피렌체에 갈 수 있어서 다행이에요. 하지만 그곳에 가더라도 동호가 만났던 피렌체의 사람들은 볼 수 없겠죠?

16세기의 피렌체. 마키아벨리와 그 친구들이 그리워요.

통합형 논술
활용노트

01 다음 글을 읽고 물음에 답하시오.

(가) 마키아벨리가 눈을 부릅뜨며 쳐다보자 군복 입은 남자가 조금은 부드러워진 말투로 물었어요. 하지만 마키아벨리는 화가 나서 견딜 수가 없었어요. 거칠게 숨을 몰아쉬며 군복을 입은 남자를 계속 노려봤어요.

"아니, 그러니까 내 말은……."

군복을 입은 남자는 당황한 기색이었어요. 동호가 보기에도 그 순간 마키아벨리의 눈빛은 굉장히 무섭고 날카로웠거든요. 만약 동호가 그런 눈빛을 받았다면 너무 무서워서 도망가고 싶었을 거예요.

"상사가 누군가?"

한참 동안 노려보기만 하던 마키아벨리가 근엄한 목소리로 나지막이 말했어요.

"상사는 왜, 그러니까……."

군복을 입은 남자는 마키아벨리의 눈을 보지 못하고 우물거렸어요.

"내가 누구인 줄 알고 이렇게 무례하게 행동하는가? 기강이 빠졌군. 어서 상사를 불러와!"

— 《마키아벨리가 들려주는 군주론 이야기》 중

(나) "하지만 선생님, 내일은 쉬는 날이에요."

동호가 손을 들고 말했어요.

"뭐라고? 다시 말해 봐."

"내일은 쉬는 날이에요. 각자 계획한 일이 있어요."

"그래서?"

"나오고 싶은 아이들만 나와야 한다고 생각합니다."

선생님은 동호를 무섭게 노려봤어요. 그리고 낮은 목소리로 말했어요.

"나와."

선생님은 무서운 군주였어요. 하지만 동호는 군주가 무서워서 벌벌 떠는 사람이 되기 싫었어요. 그래서 당당하게 교탁 앞으로 나갔어요. 그런 동호를 아이들은 숨도 쉬지 않고 지켜보았어요.

"다시 말해 봐."

"내일 학교에 나오는 건 부당합니다."

동호의 말이 끝나기도 전에 선생님은 동호의 등을 밀어 교실 밖으로 쫓아냈어요.

"선생님 말을 듣지 않는 학생은 필요 없다. 나가!"

—《마키아벨리가 들려주는 군주론 이야기》 중

(다) 29일 밤 12시를 넘기면서 경찰의 진압작전이 시작되었다. 촛불을 들고 있던 시민들은 속수무책으로 밀렸다. 촛불로 방패를 당해낼 수 없음은 당연한 일. 종로 사거리에서 밀린 시민들은 종로 3가를 지나 세운 상가까지 밀려났다.

밀려난 시민들을 잡기 위해 경찰 수백 명이 종로 사거리에서부터 구보를 시작했다. 그들은 알아들을 수 없는 구호를 외치며 보신각에서부터 단숨에 세운상가까지 뛰었다. 그 모습을 본 시민들은 "전쟁이라도 났어요?" 하며 거리로 나왔다. 세운상가 앞 인도에는 100여 명도 되지 않은 시민들이 모여 있었다. 그들은 경찰이 오자 곧 청계천 방향으로 도망쳤다. 세운상가 앞 횡단보도를 막고 있는 경찰. 한 시민이 횡단보도를 막고 있는 경찰에게 길을 터 달라고 항의하자 지휘관이 "저거 연행해!"라고 했다.

— 오마이뉴스, 2008년 7월 4일 기사 중

(라) 바람과 태양은 자신이 더 위대하다며 다투고 있었어요. 하지만 아무리 싸워도 결론이 나지 않았어요. 그래서 지나가는 나그네의 외투를 먼저 벗기기 내기를 했어요.

맨 처음 바람이 세찬 바람을 일으켰어요. 나그네는 추워서 외투를 더 꽁꽁 여몄어요. 이번에는 태양이 뜨거운 햇볕을 내리쬐었어요. 그러자 나그네는 더워서 땀을 뻘뻘 흘리며 외투를 벗어 버렸어요.

태양은 내기에 이겨서 활짝 웃었고 바람은 부끄러워서 도망갔답니다.

1. (가)와 (나)를 읽고 마키아벨리와 선생님의 태도에 대해 비판적으로 생각해 본 후, (다)에 나오는 상황과 관련하여 자신의 의견을 이야기해

보시오.

2. (라)를 읽고 정치가가 국민에게 존경과 신뢰를 받으려면 어떤 태도를 가져야 하는지 마키아벨리의 《군주론》과 관련지어 이야기해 보시오.

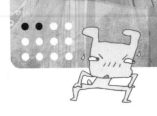

02 (가)와 (나)에 밑줄 친 마키아벨리와 (다)에 밑줄 친 적이 각각 국가를 만들었다고 가정해 봅시다. 두 나라는 어떤 차이점을 가질지 생각한 후 적어 보시오.

(가) 인생의 성공과 실패를 좌우하는 첫 번째 요소는 '운명'이다.

'운명? 내가 피렌체에 갔던 것도 그들을 만난 것도 운명이었겠지.'
동호는 잠시 생각을 하다가 다시 책으로 눈길을 돌렸어요.

그러나 인간의 의지도 중요하므로 운명이 나쁘다고 해서 너무 실망할 것은 없다.

'역시 마키아벨리 선생님이야.'

두 번째 요소는 '덕'을 얼마나 베풀고 사는가이다.

동호는 잠시 고개를 갸웃거렸어요. 마키아벨리는 사람이 악한 존재라고 하였어요. 그래서 군주는 잔인해야 한다고 말했지요. 그런데 덕을 베풀며 살아야 한다니요? 이해가 되지 않았어요. 그러나 그 뒤를 읽어 보니 좀 알 것 같아요.

군주는 한 번에 조금씩 베풀어야 한다. 너무 헤프게 자비심을 보여서는 안 된다.

'그러니까 사람들을 그렇게 다루라는 거네. 마키아벨리 선생님도 참 솔직하셔.'

— 《마키아벨리가 들려주는 군주론 이야기》 중

(나) 그렇다면 군주는 어떤 경우에 백성들에게 멸시받고 몰락하게 될까요? 마키아벨리는 다음과 같이 이야기합니다.

첫째는 군비(軍備)가 약할 때입니다. (……)

둘째는 천박한 모습을 보일 때입니다. (……)

셋째는 군주가 탐욕스러울 때입니다. (……)

넷째는 아첨을 이기지 못할 때입니다. (……)

— 《마키아벨리가 들려주는 군주론 이야기》 중

(다) "겸아, 죄 없는 사람 한 명을 죽이면 살인자가 되지?"

"그렇죠."

"그럼 열 명을 죽였다고 쳐. 그런 놈은 인간 백정이라고 할 수밖에 없다, 맞느냐?"

"그렇죠."

"그런데 겸아, 세상에는 이상한 일이 있다. 전쟁을 일으켜서 수만 명을 죽인 사람은 살인자나 인간 백정이 아니라 도리어 영웅이 되니 이는 어찌 된 일이냐?"

적의 말에 겸은 입을 굳게 닫았습니다. 적은 겸의 마음을 읽듯이 하나하나 자신의 생각을 말해 주고 있었습니다.

"겸아, 또 이런 일도 있단다. 남의 집에 들어간 좀도둑은 처벌을 받지 않니. 그런데 남의 나라를 침략한 큰 도둑은 오히려 칭찬을 받는단다. 이 또한 이해하지 못할 일이 아니더냐? 저 혼란한 세상이 바로 그렇단다. 그러니 겸이 너는 마음을 단단히 먹고 겸애를 실천하여라. 네가 힘이 세다고 하여 남의 것을 탐내고 빼앗아서는 안 된다. 알아듣겠느냐?"

겸은 얼른 대답하지 않았습니다. 한참 망설이던 겸이 어렵게 입을 열었습니다.

"거자님, 그럼 남이 쳐들어와도 가만히 있어야 하나요?"

적이 고개를 저었습니다.

"남의 나라가 침략해 온다면 당연히 막아야겠지. 영토를 확장하기 위해서 죄 없는 나라를 공격하는 것은 침략이지만, 먼저 공격하고 침략하는 나라에 맞서 공격하는 것은 '응징'이라고 한단다."

— 《묵자가 들려주는 겸애 이야기》 중

통합형 논술
문제풀이

01 1. (가)의 마키아벨리와 (나)의 선생님은 모두 무섭고 강압적인 태도로 상대를 제압하려고 합니다. 다른 사람에게 공포감을 주어서 자신에게 반항하지 못하게 만드는 것이지요. 이것은 자신이 갖은 권력을 이용하여 다른 사람을 지배하려고 하는 욕망 때문입니다.

사람들은 정치가에게 이런 카리스마가 필요하다고 말합니다. 하지만 반드시 적절한 수준을 유지해야 합니다. 정치가가 자신의 권력을 남용하여 공포정치를 하면 국민은 본인의 의사를 제대로 펼칠 수 없어 불행해집니다. 그러면 불만 세력이 점점 커져서 국가 발전에 쓰일 에너지가 낭비되고 정치가의 위치도 위태로워집니다.

(다)는 그러한 상황을 잘 보여 줍니다. 국민은 자신이 부당하다고 생각하는 사안에 대해 반대 의견을 표현할 권리가 있습니다. 하지만 (다)에서는 국가 정책에 반대하는 국민의 의견이 강압적으로 묵살되고 있습니다. 다양한 의견이 존중되는 국가야말로 진정한 발전을 이룰 수 있고 그 나라의 정치가들도 국민에게 존경받을 수 있습니다. 따라서 정치가들은 국민을 지배의 수단으로 보지 말고, 존중하며 경청해야 할 대상으로 보아야 할 것입니다.

2. (라)에서 나그네의 외투를 벗기는 바람과 태양의 방식을 정치와 비교해 보면, 바람은 공포정치를 하는 정치가이고 태양은 자유주의나 민주주의를 하는 정치가입니다. 국민에 해당하는 나그네의 입장에서 볼 때, 바람처럼 강압적으로 외투를 벗기는 정치가는 국민의 존경과 신뢰를 받을 수 없을 것입니다. 그를 믿고 외투를 벗었다가 추위에 떨며 고통받는 삶을 살게 될 테니까요.

그렇다고 늘 태양처럼 햇볕만 내리쬐야 하는 것은 아닙니다. 적당히 따뜻한 날씨에는 기분이 좋고 활동하기에도 안성맞춤이지만 너무 더우면 기진맥진해서 아무것도 할 수 없습니다. 이처럼 자유주의나 민주주의를 강조한 나머지 아무 통제가 이루어지지 않는 사회 역시 무질서하고 혼란스러운 사회가 될 것입니다.

따라서 정치가는 바람과 태양의 장점을

적절히 갖추어야 합니다. 때로는 따뜻한 햇볕을, 때로는 시원한 바람을 주는 것이 정치가가 국민에게 존경과 신뢰를 받는 길입니다.

02 마키아벨리는 군주가 몰락하지 않기 위해서는 군중에게 멸시받지 않아야 한다고 하였습니다. 군중이 군수를 멸시하지 않게 하려면 군수는 잔인하고 무서운 정치를 하면서 가끔 덕을 베풀어 군중들의 마음도 풀어줘야 합니다. 군주는 단지 잔인한 폭군 노릇을 하는 것이 아니라 나약한 국가를 바로 세우기 위해 강력한 통치를 하고, 군대를 강화하여 튼튼한 나라를 만드는데 그 역할이 있다고 마키아벨리는 말했습니다. 군주는 아첨 때문에 결단력이 흐려져서는 안 되고 항상 위엄있고 신중한 모습을 보여야 합니다. 마키아벨리가 말하는 군주는 폭력적이고 무서운 사람이기도 하지만 흔들리는 국가 기강을 바로잡는데 큰 역할을 할 수 있는 사람입니다.

반면에, 제시문 (나)에서 적은 세상이 혼란한 틈을 타 사람을 죽이고 다른 나라를 침략하며 자신의 권력을 표출해서는 안 된다고 하였습니다. 다른 나라와 전쟁이나 강압적인 정치로 백성들을 위협하지 않고 군중을 평등하게 보고 서로 아끼는 마음으로 사람들을 대하는 나라가 적이 통치하는 국가일 것입니다. 제시문 (나)의 적이 통치하는 국가는 제시문 (가)의 마키아벨리가 통치하는 국가와 다르게 따뜻한 사랑으로 군중을 다스려 전쟁과 살인이 없는 나라일 것입니다.